AF452077

UNION NATIONALE DES SYNDICATS DE L'ÉTANG

Rapport

de la

Commission d'organisation

des

Epreuves contrôlées

de faucardement

BAR-LE-DUC

IMPRIMERIE CONTANT-LAGUERRE

36, Rue Rousseau, 36

—

1926

ÉPREUVES CONTROLÉES DE FAUCARDEMENT

BELVAL (Marne). — 7-11 JUIN 1926.

RAPPORT DE LA COMMISSION D'ORGANISATION

La Commission, désignée par l'Union Nationale des Syndicats de l'Etang, comprenait :

MM. Denizet, président de l'Union, président d'honneur ;
Hirsch, représentant de l'Union ;
Bassuel, inspecteur des Eaux et Forêts, chargé de l'organisation locale ;
Général de Morlaincourt, président du Syndicat de l'Est ;
Pol-Roger (Maurice), propriétaire des étangs de Belval ;
de Drouin de Bouville, inspecteur principal des Eaux et Forêts, représentant la Direction générale des Eaux et Forêts ;
Jeannin, ingénieur en chef des Ponts et Chaussées à Orléans, représentant le ministère des Travaux publics ;
Cauvin, représentant le Service de l'Hydraulique agricole ;
Legendre, représentant l'Office National des Recherches scientifiques et industrielles et des Inventions ;
Pernet, représentant la Compagnie des chemins de fer de l'Est ;
Poher, représentant la Compagnie des chemins de fer d'Orléans, ou son délégué.

Les ressources ont été réunies d'abord au moyen des souscriptions des Syndicats, à savoir :

	Francs.	
Syndicat des propriétaires d'étangs de la Brenne	906	»
Syndicat des propriétaires d'étangs des Dombes	1.200	»
Syndicat des propriétaires d'étangs de la région de l'Est	4.000	»
Syndicat d'aquiculture du Centre (Limousin)	500	»
Syndicat des propriétaires d'étangs de la région du Nord-Ouest	500	»
Syndicat des propriétaires d'étangs de la Sologne	1.310	»
Syndicat des propriétaires et exploitants d'étangs de la Haute-Somme	200	»
Syndicat des propriétaires et exploitants d'étangs du Forez	1.200	»
Chambre syndicale des étangs de Touraine et d'Anjou	2.431	70
Total	12.247	70

puis par la souscription de 100 francs de M. Tattegrain, enfin par les subventions du ministère de l'Agriculture, de la Compagnie des chemins de fer de l'Est, du Syndicat agricole de Sologne, de la Chambre syndicale de l'Industrie du Pétrole, et les fonds recueillis à divers titres par l'Union.

A tous, la Commission adresse ses chaleureux remerciements.

La Commission a désigné pour faire partie du jury :

MM. GALLICE, propriétaire, du Syndicat de l'Est, président du jury ;
DE BOUVILLE, inspecteur principal des Eaux et Forêts, représentant la Direction générale des Eaux et Forêts ;
JEANNIN, ingénieur en chef des Ponts et Chaussées, représentant le ministère des Travaux publics ;
LEGENDRE, chef du Service technique, représentant l'Office National des Recherches et des Inventions ;
COMTE DE LA SELLE, représentant l'Union ;
DE NEUFBOURG, représentant l'Union.

La Commission a demandé à M. de Neufbourg de lui prêter sa plume si experte à faire une peinture parlante des expositions, pour donner, à ceux qui n'ont pu assister aux Epreuves de Belval, un tableau vivant de ce qu'elles ont été. Il l'a fait avec sa facture imagée coutumière et les pisciculteurs seront sous le charme de cette présentation d'ensemble qui constitue le premier chapitre du rapport présenté par la Commission.

La description détaillée, plus aride, des appareils qui ont pris part aux épreuves et aussi celle des appareils inscrits qui, malheureusement, n'ont pu être présentés, fera l'objet du deuxième chapitre. La Commission exprime à cette occasion ses regrets de n'avoir pu obtenir la participation de tous les constructeurs d'engins de faucardage, et d'avoir eu notamment à enregistrer l'abstention de MM. Kuhn frères, de Saverne, et de M. Danchaud, de Brinon-sur-Sauldre, dont les modèles auraient complété utilement la gamme des nouveautés. Il est vrai qu'ils sont venus, les uns en leur personne, les autres en la personne de leurs clients, mais l'absence de M. Hann, le précurseur du faucardement des étangs en France, a été vivement regrettée.

Le troisième et dernier chapitre sera rempli par le rapport documenté du Jury, dont la Commission a fait siennes les conclusions.

Enfin on trouvera les plans des étangs où ont eu lieu les opérations, des photographies, dont les beaux clichés de l'Office National des Recherches et Inventions, ainsi que quelques dessins d'appareils que la Commission a pu se procurer.

CHAPITRE I

Coup d'œil d'ensemble

Par M. de NEUFBOURG.

D'autres apportent à ce rapport toutes les précisions techniques possibles, et l'avis des polytechniciens. Je vous dirai ce que j'ai vu, moi simple compagnon des champs, venu, comme vous vouliez venir et ne l'avez pu, pour voir s'il y a intérêt à acheter un bateau et, si oui, lequel me convient.

Ce sont nos camarades savants qui ont préparé et réussi le concours. Ces théoriciens consommés se sont montrés rigoureusement pratiques : je n'ai pas trouvé à placer ce sourire ironique dont, terriens, nous aimons assaisonner notre déférence envers les scientifiques qui se penchent sur nos travaux.

D'ailleurs les Morlaincourt, les Gallice, les Hirsch, les Bouville, les Bassuel ne sont pas que d'abstraits calculateurs : ils ont des étangs qu'ils tiennent à leur main et ils élèvent des carpes tout comme vous et moi, voire, sans nous offenser, mieux que nous. Et n'ont-ils pas de droit la première place dès qu'il s'agit de moteurs ou de procédés chimiques? C'est donc sans jalousie que je rends hommage à nos gens de savoir, parce qu'ils sont aussi gens d'entendement.

Comment est née l'idée de ce concours?

Vous vous souvenez qu'aux Congrès de l'Etang de 1918 et 1924, on traita du faucardement qui doit rendre au soleil, c'est-à-dire au poisson, cent mille hectares d'étangs et cent lieues de rivières.

Aux expositions de 1925 et 1926 on fit mieux : on amena quelques bateaux faucardeurs, échoués sur la grève du hall comme des baleines mortes. Devant les carcasses inertes, les dents de faux paralysées et les moteurs silencieux comme des poumons vidés, nous devisions, curieux, mais non convaincus :

(Cliché de l'Office des Recherches.)

FIG. 1. — Entrée des Épreuves de Belval.

« — Çà ne doit pas être facile à traîner d'un étang à l'autre, faut au moins quatre bœufs...

— Et les roues du chariot doivent couper la chaussée.

— Dix hommes pour mettre à l'eau, quatre pour faire travailler, et encore sûrement que çà bourre dans les grands joncs.

— Faudrait voir marcher ».

C'était le mot de la fin. Les possesseurs de faucardeurs avaient beau nous dire : « Le bateau Hencké, celui de Kuhn, ceux d'Amiot, de Lauvergnat, de Collas, de Danchaud font du travail »; M. Lhéritier, modèle de l'inventeur, avait beau nous expliquer à sec sa mécanique; nous hochions la tête comme des ânes prudents, en répétant qu'il « faudrait voir ». Ce qui, à tout prendre, n'était pas si sot.

Alors, le 16 février 1926, nous avons décidé qu'on verrait.

Ah! camarades syndiqués! pour une fois, çà n'a pas traîné!

Le lendemain nous étions au Ministère, autour d'un tapis vert-jonc naturellement, où nos stylos faucardaient les objections qui se couchaient docilement sur le papier, transformées en articles d'organisation. Après avoir rendu hommage au tenace labeur du général de Morlaincourt, animateur du faucardement français, nous nommions M. Hirsch président de la commission chargée d'exécuter nos plans. Nous cédions à l'enthousiasme froid de sa conviction, avec la terreur, franchement formulée, que ce diable d'homme ne nous mène trop vite au but. Car enfin nous n'avions pas le sol des 40.000 francs reconnus nécessaires, et il ne nous restait que trois petits mois pour tout réaliser. Le Ministère voulait bien nous aider, mais à la même condition que le ciel pose à son secours : Aide-toi, etc... ».

Comment cela se fit-il? Vous le savez, généreux souscripteurs bien avisés, auxquels se sont jointes les subventions des Administrations qui ont prêté leur appui bienveillant à nos rudes efforts.

Que voulait-on réaliser? Un concours entre les constructeurs de machines à faucarder ? non! Distribuer des numéros de classement, ce n'était pas le but; il fallait montrer à la fois divers instruments faisant un même travail, afin que chacun pût se rendre compte des qualités nécessaires au bateau convenant à telle ou telle nature d'étang.

En effet, le propriétaire d'un étang de 200 hectares souhaite un bateau très puissant, ne bourrant pas dans les vieux joncs jamais fauchés même pendant l'assec, faucardant profondément. Si ces qualités existent, peu importe que le bateau soit lourd et nécessite un équipage de trois hommes ; il ne sortira guère de l'étang où la dépense d'une sorte de port, pour l'abri et la mise à l'eau, sera proportionnellement négligeable; et trois hommes ne sont pas de trop sur une barque destinée à travailler tout le jour à une demi-lieue de la terre. Au contraire, celui qui a dix ou quinze étangs de 4 à 10 hectares n'a que faire d'un bateau lourd ; il lui faut un faucardeur maniable dans les nombreux virages nécessités par la coupe d'étendues restreintes de joncs, vite mis à l'eau et vite rechargé sur son chariot, sans aménagement d'une pente spéciale sur chaque chaussée. Un équipage de deux hommes est tout ce que peut envisager un tel propriétaire. La situation est plus nette encore si le faucardeur est destiné à un groupe d'exploitants dont les étangs sont assez disséminés.

Enfin, lorsque la profondeur d'eau est très faible, comme dans les étangs de premier été et dans les queues de tous les étangs, un appareil léger est nécessaire pour faucarder à moins d'un pied afin de réchauffer l'eau en retardant l'inévitable envahissement.

Il fallait donc nous montrer les faucardeurs sous divers aspects, non seulement en vue d'un choix à déterminer, mais encore pour permettre à chacun de calculer l'avantage qu'il peut retirer d'une machine, et s'il y a un avantage.

Le but une fois bien établi par le raisonnement appuyé d'anciennes expériences, la Commission passa sans délai à l'organisation matérielle.

Je ne puis mieux faire que de vous prier de m'accompagner à Belval, en écoutant le récit de notre séjour.

Ainsi donc, le dimanche 6 juin au soir, nous débarquions à Revigny, où les loge-

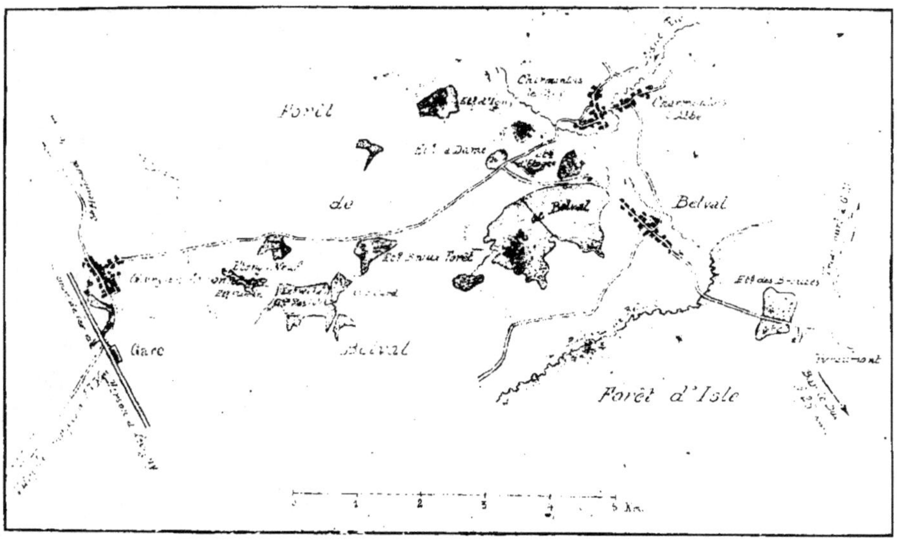

Fig. 2. — Plan d'ensemble de la région de Belval.

(Dressé par Bassuel.)

ments étaient prévus fort convenablement. Le lundi matin, une auto nous mena jusqu'à la chaussée. O merveille ! Tout était prêt : quatre bateaux à moteur flottaient, deux appareils à main sortaient de leurs boîtes, et la chimie attendait son heure, en flacons et en cristaux. L'organisation avait si bien marché que tout le monde était de bonne humeur, malgré la bruine.

Trois hommes avaient pris tous les soins, tous les tracas, tout le labeur pour eux, et tous trois semblaient à présent de paisibles spectateurs, modestes et silencieux. M. Hirsch, promoteur du concours, oubliait des journées sacrifiées aux démarches, les résistances vaincues, les soucis des transports, ses voyages, ses veilles consacrées à l'inévitable et odieuse paperasserie. M. Bassuel, incomparable fourrier de notre caravane et chef d'état-major général des opérations, ne semblait avoir fourni aucun effort ; cependant nous lui devions le gîte de nos nuits et la possibilité de suivre l'excellent horaire de la journée. Il avait préparé le terrain, et plus particulièrement... l'eau : vous voyez les plans des étangs (fig. 2, 3 et 4), si bien conçus que le jury trouva, comme s'il fut né natif de Belval, les lots de joncs à faucarder, jalonnés comme une place à bâtir. Quant au général de Morlaincourt, grand-maréchal du faucardage de France, alerte, l'air heureux, il savourait avec sa courtoisie charmante l'aube de cette victoire ; des années de prosélitisme et de dévouement étaient récompensées, puisque constructeurs et clients se rassemblaient en nombre.

Deux autres hommes commençaient à assumer la charge délicate qui leur incombait : M. Pol-Roger, notre hôte, et M. Gallice, président du jury. Le premier recevait, avec une affabilité qu'aucun de nous n'oubliera, les arrivants et leur donnait tous les

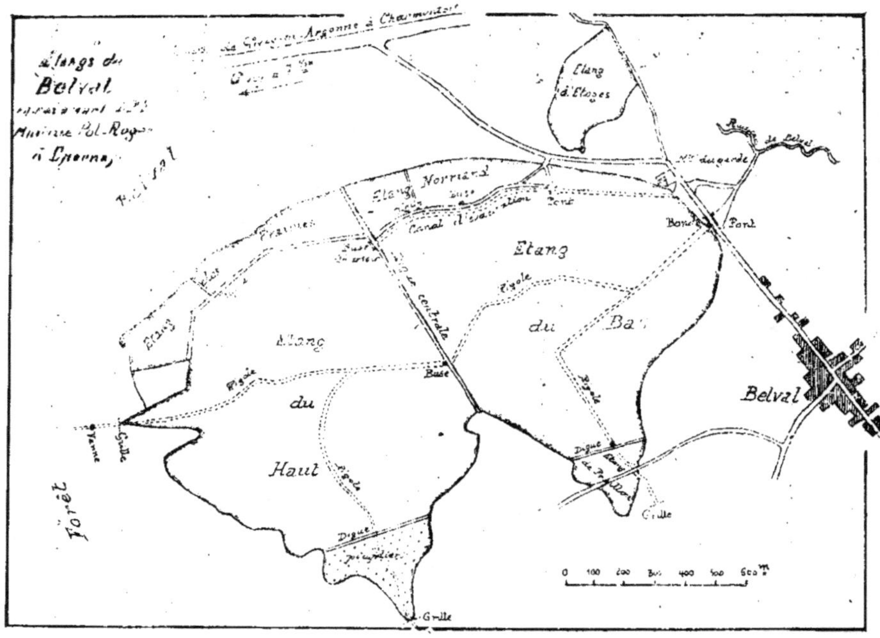

Fig. 3. — Plan des Étangs de Belval appartenant à M. Maurice Pol-Roger.

renseignements. Comme nous étions nombreux et très curieux, il y fallait une inépuisable bonne grâce. Dans son rendez-vous de chasse, d'où la vue glisse sur de grands étangs ceinturés de bois de chênes et hêtres, M. Pol-Roger a tenu table ouverte pendant cinq jours. Ah ! les bons et gais repas que nous avons pris là ! Nous avions vingt ans de moins, nous étions à peine sous-lieutenants et c'était la popote des manœuvres de cadres...

L'omelette lorraine, le jambon barrois, les truites champenoises, gigantesques et succulentes, prises pour nous par notre hôte, Dieu ! que c'était bon après quatre heures d'allées et venues, en bottes, sur la glaise ou dans l'eau, après la manœuvre de la perche, en suivant les faucardeurs... Mais ce qui ne se voyait que rarement dans les popotes, c'est le généreux champagne que notre hôte nous versait comme un prodigue verse de l'eau. Assurément, nous avions beaucoup de forces à réparer, mais une coupe du vin de M. Pol-Roger suffit à ressusciter toutes les énergies ; les autres coupes étaient « pour le plaisir ». Il y eut aussi une fine célèbre : un austère et haut fonctionnaire, représentant une vénérable administration, en fit un éloge digne du goût de nos pères. Pour finir, notre camarade Hirsch sortait ses cigares ; depuis lors je soupçonne cet homme d'action d'être aussi un sybarite...

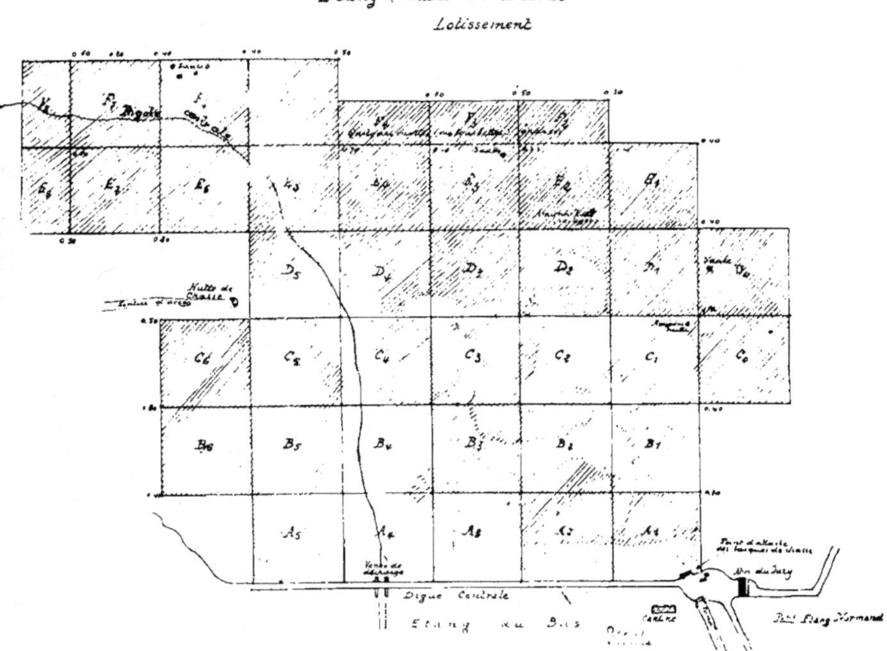

Fig. 4. — Plan de lotissement de l'Étang du Haut (les hachures représentent les parties couvertes de roseaux à faucarder).

(Dressé par Bussuel.)

Alors, M. Gallice se levait :

— Maintenant, Messieurs, au travail.

Cinq minutes après, nous étions à nos postes : les jurés embarqués à la suite des faucardeurs, chronomètres et carnets en mains, les autres, qui, à pied, qui, en bateau, mais tout le monde dans le plus grand ordre. C'est que M. Gallice unit à sa bienveillance le don précieux d'une autorité qui s'accepte sans qu'on la sente. Sa tâche n'était pas aisée, mais personne ne s'en doutait, tant il l'accomplissait avec tact, naturelle et ferme bonté. Il faut dire qu'on ne vit jamais concurrents plus courtois ; s'adonnant avec zèle à montrer les qualités de leurs machines, ils se conformaient de point en point au programme. Loin d'élever la moindre réclamation, ou de grogner contre la pluie, la grêle, la boue, ils s'ingéniaient à faciliter toute chose et se prêtaient une aide constante lorsque rien ne s'y opposait dans le règlement. Vous comprenez maintenant que nous avons travaillé dans une atmosphère spécialement heureuse.

Mais j'en reviens à mon récit, moins ordonné que celui de Théramène. Le lundi matin, nous fîmes connaissance des faucardeurs qui, sur l'étang Normand, vérifiaient leur marche en s'attaquant à de vieux grands joncs poussés sur un épais matelas de générations écroulées. C'était le plus dur travail que l'on puisse trouver. La masse puissante du bateau Hencké elle-même bourrait et s'arrêtait pour reprendre élan. Collas avançait, mais le dégagement devenait pénible et lent. Lauvergnat se servait de sa marche arrière qui lui était bien utile. Quant à Jacques... j'ai été bien surpris. D'abord ce bateau à coque légère m'avait paru peu sérieux : une camelote en fer-blanc, pour tout dire. Je riais de le voir s'attaquer à ce mur élastique qui devait le renvoyer comme une balle, quille en l'air. Mais pas du tout : conduit de main de maître, le Jacques fit bonne contenance, comme les gros camarades, et revint accoster au milieu d'une considération toute neuve.

Quant à l'appareil Lhéritier, son inventeur, tout en convenant que cette tâche dépassait le devoir de sa mécanique, s'escrimait de son mieux et non sans quelque résultat. Le disque Riollet-Dufour faisait son chemin, un tout petit bonhomme de chemin, mais enfin il mordait dans la masse. Il m'a semblé que les joncs serrés, qui ne peuvent céder, se coucher et échapper au fil du disque, sont les victimes les moins indociles du Tourbillon. Mais c'est un Tourbillon au ralenti qui a besoin d'achever ses études pour tourbillonner plus vite que la faucille manœuvrée à bras. Il faut dire que ces études sont en bonne voie et que le principe des disques est loin d'avoir dit son dernier mot.

Les moteurs se turent, l'épreuve de sortie de l'eau commença. Nous savions déjà que nous n'étions pas venus en vain, et que les bateaux n'étaient pas des joujoux. Nous avions donc du cœur à l'ouvrage. Collas, malgré l'aspect trapu et lourd de sa coque de chêne, sorte de gigantesque coffre à avoine, se révéla assez maniable sur la terre ferme et fut chargé sans efforts excessifs. Jacques exécuta un petit tour de passe-passe et le bateau était sur son avant-train. Hencké, le puissant Hencké, joua de malheur, et ce n'était pas tout à fait sa faute. C'est un cétacé qu'il ne faut pas laisser s'incruster au sol, et ses qualités méritent qu'on lui aménage un plan incliné dans l'étang : sur la chaussée brute, et sans point d'appui sérieux pour le palan, son équipage eut assez de mal à le charger. Lauvergnat, qu'un souffle n'ébranle pourtant pas, s'en tira assez facilement.

Et nous voilà partis pour la mise à l'eau à l'étang du Haut (fig. 5). Tandis que les autres procédaient avec une sage prudence, le « Jacques », confiant en sa légèreté relative, s'élançait de la plate-forme avec grâce (fig. 6), filait à bout de câble et se trouvait à flot en une seconde six dixièmes et neuf centièmes ; vous voyez que je chronométrais avec précision et conscience. Pour ne pas vous laisser sur l'impression que les bateaux faucardeurs sont des hydroplanes, je vous confie tout de suite que le jeudi soir, lors d'une épreuve analogue, ce bateau voulut présomptueusement renouveler son exploit sur l'étang de Braux-Forêt. Bien que son capitaine soit un homme de poids, un maître du faucardage et de la manœuvre, le bateau était un peu grisé par son succès réel : à peine l'équipage, composé d'un mousse, eût-il penché vers l'eau la plate-forme, montée sur des roues de 160 de haut, que le bateau piqua du nez... et plongea par huit pieds de fond, rompant l'amarre! Je me doutais de ce coup du sort et j'avais le Kodak en batterie. Ajoutons, pour être justes, que capitaine et équipage, avec un peu d'aide cette fois, repêchèrent leur sous-marin et peu après reprenaient leur file de combat.

Le mardi fut un grand jour. M. Gallice jaugea l'essence et l'huile, fit tirer les lots de joncs au sort, et donna le départ. Les six faucardeurs attaquèrent à 9 heures du matin, par temps couvert. Le jury suivait en bachots ; M. Gallice, plus expert qu'Aoustin au jeu de la perche, allait de l'un à l'autre, couvrant des milles marins sans effort

(Cliché de l'Office des Recherches.)

Fig. 5. — Ensemble des appareils. Au 1ᵉʳ plan, appareil Collas.

apparent. M. de la Selle, négligeant héroïquement de suivre le vol des canards étonnés, vérifiait les largeurs et les profondeurs de coupe, les vitesses, la régularité du travail avec une conscience infinie. Le cinéma Pathé promenait son périscope et croquait l'abatage des roseaux terrassés qui... jonchaient la plaine humide (fig. 7). L'après-midi il y avait foule de choix sur l'étang : la marquise de Nettancourt-Vaubecourt, la comtesse de Buisson de Courson, Madame Jeannin, affrontaient les risques de la navigation.

MM. de Tarade, Danchaud et Rameau, vieux connaisseurs, perchaient à travers les couches de joncs alignées comme le foin derrière la faucheuse, MM. de Chevigny et de Framond ne perdaient rien du spectacle, admirable à la vérité. La berge était noire de monde : **M.** Denizet, président de l'Union, se félicitait du succès de la journée succès qui dépassait nos espoirs. Le jonc vaincu appela les forces de la nature à son aide : la pluie prit parti contre nous. Mais il faut proclamer que tout le monde a tenu, et que de savants délégués du Ministère des Travaux publics et de l'Administration, des Eaux et Forêts, MM. Jeannin et de Bouville, impavides sous l'averse, les pieds dans l'eau, absorbés par leurs observations scientifiques, subirent l'orage sans le remarquer, insoucieux même d'une noyade rendue possible par un cheminement pénible dans cette mer des Sargasses. Car chaque bateau avait abattu ses deux hectares en six heures de temps, et nous jaugions de nouveau l'huile et l'essence avant de rentrer au port.

L'Eureka, M. Lhéritier à la manœuvre, avait faucardé bravement une étendue de cotelles appréciable. Mais nous l'avons beaucoup dérangé par nos demandes d'explications d'ailleurs aimablement satisfaites. L'ouvrage n'était pas fatigant et se faisait assurément plus vite qu'à la faux à main. Mais nos discours étaient laborieux, les barques visiteuses nombreuses, et j'ai dû pénaliser l'inventeur pour embarquement clandestin d'huile motrice, je veux dire de canettes de bière mises au frais dans l'eau du bachot. Quant au Tourbillon, les joncs clairs pliaient devant lui, mais ne rompaient point. Il fallait beaucoup de persévérance à son équipage pour en venir à bout : c'est un appareil destiné à tracer un chemin dans les grands roseaux, et non pas encore à défricher en plat ; mais il y viendra, ayant fait ses écoles à ce point de vue.

(*Cliché de Neufboury.*)

Fig. 6. — Déchargement de l'appareil « Jacques » à l'Étang Braux-Forêt.

Le mercredi fut la journée élégante, le Derby : des courses de vitesse, avec handicap, et les obstacles ne manquaient pas, ni les incidents gais. Nous avons même eu une chute... à la rivière des tribunes. Le soleil était enfin de la partie. Le Ministère de l'Agriculture, cet autre astre aux rayons dorés, était représenté par M. Cuif, conservateur des Eaux et Forêts, et le préfet de la Marne par le sous-préfet de Sainte-Menehould. Cet après-midi de luxe avait été précédé d'une matinée d'expériences chimiques. Pour moi, qui ne suis pas polytechnicien, je n'ai vu qu'une sorte de sulfatage des joncs et bauches, dans une queue d'étang. Les résultats ne me sont pas encore connus. Le prix de revient atteignant 50 francs-or l'hectare, il est clair que ce procédé ne s'emploiera qu'à deux conditions : d'abord que les plantes soient tuées pour plusieurs années ; ensuite que le sol ne devienne pas stérile, afin qu'à défaut de flore une faune suffisante l'habite pour que le poisson y trouve sa vie. Je ne sais si ces conditions sont contradictoires.

Le jeudi, sortie de l'eau des bateaux et transport sur chaussée et sur route, avec remise à l'eau à l'étang de Braux-Forêt. Je vous ai dit comment cela avait tourné pour le plus léger des bateaux. Les autres peinèrent peu ou prou, mais enfin tous finirent par naviguer à souhait, malgré la grêle et la pluie. Après quoi, le jury s'absorba dans des calculs très ardus et la confection des rapports.

Le vendredi matin, le président du jury distribua ses éloges. Les critiques, chacun se les était faites déjà, avec le ferme propos de remédier aux inconvénients constatés, et de présenter l'an prochain des machines absolument au point.

À mon humble avis, les appareils Hencké et Lauvergnat conviennent aux grands étangs, Jacques aux moyens, Collas à tous. Mais chacun de ces faucardeurs peut gagner beaucoup, en s'inspirant des résultats du concours. Les plus graves difficultés sont vaincues; il ne reste guère que l'élimination des joncs coupés, ardue à obtenir, tout en laissant le jonc droit devant l'attaque de la faux.

(Cliché Pathé-Revue.)

Fig. 7. — Champs de roseaux faucardés.

Je crois bien que si vous avez 15 hectares de joncs à plus d'un pied d'eau, ce qui, faucardé trois fois l'an, vous fait 45 hectares à suivre de mai à septembre, vous avez avantage à utiliser le bateau. Si, au bout de trois ou quatre ans, vos joncs ont disparu, vous vendrez votre machine à un voisin qui s'en pourra servir encore deux ou trois ans. Et lorsque les joncs gagneront de nouveau, rendant l'entretien à la main impossible, vous rachèterez un bateau. Il me semble qu'il y a un bénéfice net assez fort dans l'usage du bateau, par économie de main-d'œuvre et rapidité d'exécution. Mais assurément le bateau vous permet de nettoyer tous vos étangs, alors que sans lui, vous ne trouverez pas la main-d'œuvre nécessaire, pour peu que vous ayez une dizaine d'hectares à couper.

Dans les queues où l'eau s'échauffe si bien au soleil, mais demeure si froide à l'ombre, je ne vois guère que le labour pendant la pêche, s'il est possible, et le faucardement à pied l'été.

Et les queues, c'est le quart de l'étang, souvent le tiers. Que voulez-vous, tout n'est pas profit sur la terre!

Félicitons-nous en tout cas de n'avoir plus à redouter la perte totale de nos étangs, et remercions les Morlaincourt et les Hirsch auxquels nous devons cette agréable certitude. N'oublions pas les constructeurs : il en est qui travaillent réellement par amour de l'étang. Entre nous, c'est un peu notre cas à tous...

NEUFBOURG.

CHAPITRE II

Description des appareils (fig. 8).

P. HENCKÉ ET A. XÉNARD, Route de Nancy, à Champigneulles (Meurthe-et-Moselle) (fig. 9).

(Cliché de l'Office des Recherches.)

FIG. 8. — Appareils au repos. Au premier plan, appareil Hencké et Xénard.

Bateau construit en tôle de 2 m/m à fond plat, ayant en avant une barre coupeuse analogue à celle des faucheuses de prairies, et à l'arrière une roue à aubes de propulsion, le tout actionné mécaniquement.

La coque est de forme rectangulaire, avec les bords parallèles jusque près de la proue ; ils se rejoignent alors à angle assez aigu pour former le bec, lequel est traversé par l'axe horizontal fixe de la bielle de commande de la faux. A la poupe, les bords sont prolongés pour former deux caissons entretoisés, qui supportent la roue à aubes, et le fond est relevé en vue de faciliter le travail de propulsion. Un gouvernail se fixe

(Cliché de l'Office des Recherches.)

FIG. 9. — Appareil Hencké et Xénard.

au milieu des entretoises. La roue à aubes se compose de six pales droites rayonnant autour de l'arbre.

Les dimensions de la coque sont les suivantes :

Longueur . . . . 5^m,50
Largeur. . . . . 1^m,60
Hauteur. . . . . 0^m,50

Poids du bateau en ordre de marche sans chariot : 900 kgs.
Prix de l'engin complet au moment des épreuves : 14.000 francs.
Un moteur de Dion-Bouton monocylindrique de 5-7 CV est solidement fixé vers le milieu et dans l'axe du bateau, l'arbre moteur dans le sens longitudinal de la coque ;

le refroidissement en est assuré par une pompe prenant, dans un puisard, l'eau de l'étang qui y est rejetée après circulation dans l'enveloppe du moteur.

Le moteur commande un arbre de transmission central, allant de bout en bout du bateau et par lequel on transmet le mouvement : à l'arrière, à la roue à aubes, pour la propulsion, à l'avant, à la bielle de commande de la faux, pour la coupe des roseaux, par les intermédiaires ci-après :

L'axe de la roue à aubes, portant sur deux paliers fixés aux caissons, est actionné d'un seul côté par un engrenage d'angle ; ce dernier est lui-même commandé par un arbre parallèle à la transmission centrale de laquelle il reçoit le mouvement par une courroie, pouvant être débrayée à volonté, puis ensuite par l'intermédiaire d'engrenages de réduction de vitesse. Le constructeur transmet donc le mouvement par mécanisme sans chaîne.

(Cliché de Neufbourg.)

Fig. 10. — Appareil « Hencké et Xénard » sortant de l'eau.

La bielle de commande de la faux est animée d'un mouvement alternatif, dans un plan vertical perpendiculaire à l'axe du bateau, autour d'un arbre fixe placé en avant du bec, par les organes ainsi disposés : un arbre, parallèle à la transmission centrale et posé au niveau supérieur des bords, reçoit le mouvement de cette transmission par courroie débrayable, avec poulies folle et fixe ; cet arbre, maintenu par deux paliers, porte à son autre extrémité, au-dessus du bec du bateau, un tambour muni, vers sa circonférence, d'un ergot ou goujon en acier qui pénètre dans une fourche en bronze de la bielle de commande : le goujon coulisse ainsi dans la fourche et transforme son mouvement rotatif en mouvement alternatif de la bielle.

La bielle répercute son mouvement à la scie par un système analogue, étant munie à son autre extrémité d'un goujon horizontal qui coulisse dans une fourche faisant corps avec la scie.

La faux est supportée par deux bras coudés à angle droit ; la partie verticale glisse dans des fourreaux fixés chacun par des charnières aux bordages du bateau, un peu en arrière du bec, afin d'avoir une bonne assise ; de cette façon la faux se trouve en position un peu en avant du bateau, horizontale, bien solidement fixée perpendiculairement à l'axe ; les deux bras sont réunis entre eux au moyen d'une barre horizontale, dont la partie médiane, renforcée, est traversée par une vis à filet carré, munie en haut d'un volant de manutention, et tournant en bas dans une crapaudine ; l'ensemble constitue ainsi un rectangle indéformable qui présente les facilités de maniement suivantes : d'abord, lorsqu'il est en position d'action, on n'a qu'à tourner le volant dans un sens ou dans l'autre pour monter ou descendre la faux dont les supports sont guidés parfaitement par les fourreaux verticaux ; ensuite, on peut relever tout le cadre en le faisant pivoter sur les charnières du fourreau, et alors la faux sort de l'eau, on peut la démonter à l'aise et réparer la lame.

La faux a une longueur de $2^m,50$; les constructeurs comptent en mettre une de 3 mètres à l'avenir.

Toutes les transmissions sont montées sur paliers à bagues, sauf la roue à aubes qui, ne faisant que peu de vitesse, est montée sur paliers ordinaires avec graisseurs.

Les constructeurs expliquent que la disposition adoptée pour la transmission centrale permet de circuler facilement dans le bateau, et que la réduction des vitesses par engrenages évite l'emploi si ennuyeux de la chaîne. La largeur de la coque lui donne une stabilité sérieuse et les deux caissons l'empêchent de « godiller ». La faux peut se relever à volonté, ce qui permet de la fixer, le bateau étant à l'eau, sans difficultés : elle tient par deux goujons sur les deux supports qui pivotent autour d'un axe pour relever ou baisser la faux. On peut faucarder à une profondeur variable de 30 à 50 centimètres.

En vue du transport sur terre, les constructeurs ont établi un truck entièrement métallique, porté par trois petites roues et épousant la forme de la coque (fig. 10) ; l'une des roues pivote à l'avant autour d'un axe vertical auquel est fixé le brancard : le chariot tourne ainsi aisément dans les deux sens, bien que les deux roues arrière tournent constamment dans le même plan. Le cadre du truck se compose de deux longerons en fer à T reliés par des traverses ; pour faciliter le glissement du bateau sur le chariot, on fait porter la coque sur de petits galets à axe horizontal fixés au châssis du truck. La difficulté réside dans l'amenée du bateau jusqu'au chariot et à son hissement au moyen de crics et de palans.

JACQUES Victor, Régisseur, à Vanault-les-Dames (Marne) (fig. 12).

L'auteur de l'engin est régisseur d'un grand domaine terrien, comprenant d'importants étangs ; il a fait construire, par un mécanicien du village, l'appareil qu'il a conçu, sans dessins ni calculs de résistance, mais en l'expérimentant puis en corrigeant les organes reconnus défectueux. Afin de simplifier la construction, on a eu recours à plusieurs parties toutes faites par des spécialistes : ainsi, la coque a été livrée par Faye, à Juvisy, les chaînes, les pignons sont ceux de machines agricoles américaines Deering, etc.

La coque est construite en tôle de 10 à 12 dixièmes de millimètre d'épaisseur seulement ; les membrures sont métalliques ; la forme est ovale à fond plat, c'est-à-dire poupe plate, élargissement marqué vers les 2/3 de la longueur, point où les flancs-bords sont largement évasés, proue franchement en pointe.

(Cliché de Neufbourg.)

Fig. 11. — Appareil « Jacques ».

En avant se trouve une barre coupeuse analogue à celle des faucheuses de prairies, et à l'arrière une roue à aubes pour la propulsion, le tout actionné mécaniquement.

La coque a été modifiée de la façon suivante :
Les bords ont été prolongés à l'arrière pour porter les coussinets de l'arbre de

(Cliché de l'Office des Recherches.)

Fig. 12. — Appareil « Jacques ».

la roue à aubes : à cet effet, on a rivé au bordage un fort fer en U de chaque côté qui se prolonge en porte-à-faux d'environ un mètre en arrière de la coque, et ces deux fers sont maintenus rigides par une traverse également en fer en U renforcée d'une cornière. Ils servent d'une part à supporter de chaque côté une tôle qui prolonge elle aussi le flanc de la coque, et d'autre part, par-dessus, à porter les coussinets de l'arbre de la roue à aubes. La traverse porte en outre en son milieu un chevalet triangulaire qui sert de support au gouvernail, lequel est accroché aussi à la traverse ; la barre du gouvernail a été, par suite du recul du gouvernail par rapport à la véritable poupe du bateau, allongée en conséquence.

(Cliché de Neufbourg.)

Fig. 13. — Déchargement de l'appareil
« Jacques ».

Fig. 14. — Appareil « Jacques » en action.

A l'avant, le fond a été enlevé sur 30 c/m environ pour permettre le passage de la bielle de commande de la faux, et une solide cloison étanche verticale ferme cette excavation triangulaire ; en même temps qu'elle empêche l'eau de pénétrer à l'intérieur du bateau, la cloison sert de support à la bielle et au mécanisme de commande de la faux, et à la faux elle-même dont la partie immobile est solidement fixée par son centre à la cloison.

Ainsi, la faux est placée un peu en arrière du bec du bateau, horizontale et perpendiculaire à l'axe du bateau, avec point d'attache unique.

La roue à aubes se compose de quatre pales, rayonnant autour de l'axe ; les aubes sont coudées en sens inverse du mouvement d'avancement ; il en résulte que les pales attaquent l'eau en étant presque horizontales et en sortent dans

Fig. 15. — Mise à l'eau de l'appareil « Jacques ».

(Cliché de l'Office des Recherches.)

Fig. 16. — Mise à l'eau de l'appareil « Jacques ».

une position verticale. M. Jacques est arrivé à cette solution, après plusieurs essais, et il a conclu que les pales, sortant bien nettes d'eau et des joncs coupés, ne font pas autant résistance, d'où meilleur rendement; par contre, le choc de la pale sur l'eau se répercute visiblement sur le bateau dont la marche présente une certaine saccade, et il peut être une cause de détérioration.

Les dimensions maxima du bateau sont :

Longueur . . . . $5^m,50$
Largeur. . . . . $1^m,20$
Hauteur des bords . . . . $0^m,50$

Poids du bateau en ordre de marche sans chariot : 600 à 650 kgs;

Prix du bateau sans chariot au moment des épreuves : 8.000 à 8.500 francs.

Un moteur Bernard de 3-3 1/2 CV monocylindrique est fixé vers le milieu du bateau, l'arbre moteur dans le sens transversal. Le refroidissement en est assuré par un ventilateur devant un radiateur contenant environ 4 litres d'eau.

La faux a une longueur de $2^m,20$.

Sur l'arbre moteur prolongé sont fixées deux poulies, l'une pour donner le mouvement, à l'avant, à la bielle de commande de la faux, l'autre pour donner le mouvement, à l'arrière, à la roue à aubes. Des deux côtés il y a le même système de transmission par une courroie sans fin de 6 c/m de largeur, serrée par un tendeur sur le brin inférieur, avec contrepoids, ce tendeur faisant office de débrayage : celui pour la faux est à portée de l'homme qui se tient à l'avant, celui pour la roue à aubes est à portée de l'homme au gouvernail.

Pour actionner la faux, la courroie attaque une poulie d'un arbre secondaire transversal, terminé à son extrémité, au droit de l'axe du bateau, par un engrenage d'angle faisant fonctionner un arbre parallèle à l'axe du bateau ; en bout est un tambour portant vers sa circonférence un ergot en acier ; cet ergot coulisse dans une fourchette en bronze de la bielle de commande de la faux, laquelle bielle pivote autour d'un axe fixe horizontal adapté à la cloison verticale dont il a été question ; de l'autre côté, la bielle s'enclanche par un doigt dans un coussinet fixé à la lame coupante. Ainsi, le mouvement circulaire de l'ergot est tranformé en mouvement de va et vient horizontal de la lame.

Pour actionner la roue à aubes, la courroie attaque une grande poulie d'un arbre secondaire transversal terminé, de l'autre côté du bateau, par un petit pignon denté, qui transmet le mouvement par chaîne à un grand pignon attaché à un des côtés de l'axe de la roue ; ainsi, on obtient une démultiplication par le rapport des diamètres des deux poulies et des deux pignons qui permet à la roue à aubes de ne tourner qu'à 25 tours par minute.

(*Cliché de Neufbourg.*)

Fig. 17. — Appareil « Jacques » en action.

Toutes les transmissions sont montées sur coussinets en bronze à bagues, sauf la roue à aubes dont les coussinets sont graissés par simples Stauffer.

En vue du transport sur terre, on utilise une charrette à plancher à deux roues de 1ᵐ,60 de diamètre (fig. 13, 15 et 16) : au ras du plancher sont trois rouleaux qui facilitent le glissement du bateau au moment du chargement sur la charrette. Près des brancards est un treuil de haquet autour duquel s'enroule un filin d'acier dont on passe l'extrémité sur la traverse arrière qui supporte le gouvernail, lorsque l'on charge ; le chargement se fait donc à cul, et le déchargement se fait par le bec, cette disposition étant imposée par la raison que la scie n'est démontable que le bateau à terre.

Les grandes roues du chariot permettent le transport sans difficulté sur les plus mauvais chemins.

LAUVERGNAT, Constructeur, 21, Rue Jean-Jacques-Rousseau, à Châteauroux (Indre) (fig. 18).

Bateau en tôle de 2 m/m d'épaisseur, à fond plat, ayant, par devant, une barre coupeuse analogue à celle des faucheuses de prairie, aux deux tiers environ vers l'arrière, une roue à aubes pour la propulsion, entourée d'un tambour rond fermé sauf au sommet; à l'arrière une roue à quatre pales pour les virages; le tout actionné mécaniquement.

La coque est de forme rectangulaire, avec rétrécissement à la proue, pour former un bec de 0^m,20 de largeur. Les flancs-bords sont profilés, en partant du fond, d'aplomb sur 0^m,30 de hauteur, surmontés d'un bordage en bois de 0^m,025 d'épaisseur. L'arrière est carré et porte deux supports métalliques d'un gouvernail double en bois. La roue à aubes de propulsion se compose de six pales droites rayonnant autour de l'arbre; la roue de virage tourne autour d'un arbre horizontal situé dans l'axe du bateau, au sommet du bordage, et se compose de quatre pales entièrement en bois, parallèles à l'axe de l'embarcation, élargies aux extrémités sur environ 30 c/m (c'est-à-dire dans la partie s'immergeant), et travaille à la façon d'une sorte

Fig. 18. — Appareil « Lauvergnat » en marche arrière.

Fᴵɢ. 19. — Pièces démontées de l'appareil « Lauvergnat » (d'après une photographie
envoyée par le constructeur).

d'hélice aérienne ; cette roue est fermée vers le bateau par un tambour circulaire qui
protège des éclaboussures.

Les dimensions maxima de la coque sont :

Longueur 5ᵐ,50
Largeur. 1ᵐ,50
Hauteur. 0ᵐ,50

Encombrement total avec gouvernail et monture de faux : 6ᵐ,40 ;
Poids du bateau en ordre de marche, sans roues de chariot : 700 à 800 kgs ;
Prix de l'engin complet au moment des épreuves : 15.500 francs.

Un moteur de Dion-Bouton monocylindrique de 5-6 CV est solidement fixé dans
l'axe de l'embarcation, aux deux tiers environ vers l'avant, l'arbre moteur dans le
sens transversal du bateau ; le refroidissement est assuré par un thermosiphon avec
un réservoir d'eau en cuivre, en charge sur le moteur (disposition de refroidissement
modifiée depuis).

Le bâti de la faux est porté par une poutrelle en fer U. Cette poutrelle porte à
l'extérieur, en haut et en bas, deux coussinets en bronze verticaux qui emboîtent une

tige d'acier ronde, terminée en bas par une fourche en bronze dans laquelle coulisse un coussinet de bronze commandant un axe d'acier fixé à la lame coupante : c'est cette tige, animée d'un mouvement horizontal de va et vient, comme ce sera expliqué plus loin, qui actionne la scie faucardeuse (fig. 19).

La poutrelle est portée en son sommet par deux bras articulés en bois formant un triangle dont la base prend appui sur deux montants verticaux fixés aux flancs-bords et arc-boutés par une contre-fiche : ces deux montants sont maintenus solidairement par un fer rond transversal et horizontal, boulonné aux deux extrémités, et

(Cliché de l'Office des Recherches.)

Fig. 20. — Appareil « Lauvergnat » sur son essieu.

qui sert de pivot aux deux bras; un troisième bras en bois, faisant la médiane du triangle et agissant de même, renforce ce plan triangulaire. Deux autres bras articulés, en bois, analogues, mais coudés pour épouser la forme de l'avant de l'embarcation, sont adaptés au milieu de la poutrelle et prennent appui à la base des montants. L'ensemble constitue un parallélépipède triangulaire articulé tel que la poutrelle reste constamment verticale quand on la monte ou la descend. Ce mouvement de montée ou de descente est obtenu au moyen d'une chaîne accrochée à la base de la poutrelle, contre la faux, passant sur une poulie située sur le bec du bateau, et son autre brin, horizontal, est attaché au crochet d'une vis tournant dans un écrou fixe; la vis est terminée, à son autre extrémité, par un volant auquel il suffit d'imprimer à la main un mouvement de rotation pour déplacer la vis, ce qui avance ou laisse aller la chaîne et remonte ou descend la faux.

L'arbre du moteur est prolongé, à la droite du conducteur, par un arbre reposant sur un coussinet à billes, fixé au flanc du bateau. Cet arbre porte un tambour de commande actionnant, au moyen de courroies :

1° Une commande secondaire parallèle à l'arbre moteur. Cette commande est montée dans une douille à billes spécialement modelée pour être placée sur une traverse en bois fixée solidement au bordage du bateau et au-dessus de l'arbre du moteur. Elle porte d'un côté deux poulies, fixe et folle, recevant le mouvement du moteur, et, de l'autre extrémité, un plateau manivelle actionnant une bielle articulée sur cardans, qui commande le mouvement de la faux. Ainsi, le mouvement circulaire du plateau est transformé en mouvement alternatif à la tige ronde et à la lame coupeuse.

2° Une boîte de démultiplication à engrenages, montée en un carter étanche, et sur roulements à billes. Cette boîte porte, d'un côté, deux poulies, fixe et folle, et, à l'intérieur, un jeu d'engrenages permettant la réduction de vitesse et le renversement de marche. De l'autre côté, un pignon denté transmet, par l'intermédiaire d'une chaîne Brampton, le mouvement à une roue dentée calée sur la roue à aubes.

La tension et le réglage de la chaîne sont assurés par deux paliers à glissières et à vis de rappel, sur lesquels est monté l'axe de la roue à aubes.

La roue de virage reçoit son mouvement de l'arbre même du moteur, au moyen de deux poulies à friction montées sur un basculeur spécial, à portée de la main du conducteur, et qui permettent, suivant les besoins, d'embrayer à droite ou à gauche le mouvement de la roue. La transmission se fait par une courroie ronde, sur poulies à gorges, et un renvoi par pignons d'angles perpendiculaires.

Le conducteur se tient assis sur un petit siège installé en avant du tambour de la roue à aubes. Il a devant lui un volant incliné comme celui d'une automobile, autour duquel s'enroule, dans des gorges réservées à cet effet, un mince câble d'acier qui, par de petites poulies de renvoi, transmet le mouvement giratoire à deux axes verticaux placés derrière et de chaque côté de la roue, surmontés de secteurs sur lesquels s'enroulent deux câbles qui commandent le gouvernail.

La faux a une longueur de 2ᵐ,80.

Les leviers d'embrayage sont disposés à portée de la main du conducteur, qui, ainsi, de sa place, dirige le bateau, monte ou descend la faux, met cette dernière en action, fait marche avant ou marche arrière et commande la roue de virage.

En vue du transport sur terre, le constructeur adapte à l'embarcation un essieu terminé par des fusées et un écrou, auxquelles on adapte des roues métalliques Michelin avec pneumatiques (fig. 20). L'essieu est adapté à la coque au moyen de deux tiges filetées en bout, qui traversent un renfort boulonné au bordage, et viennent se visser dans deux patins de fonte fixés sur l'essieu. Le bateau roule ainsi sur deux roues et il peut être accroché par son bec, par un dispositif d'attelage articulé, à une automobile ou une voiture qui le prennent en remorque.

Pour la mise à l'eau, le bateau étant décroché, on place un chevalet de bois à un des bouts ; on soulève l'autre bout au moyen d'un cric ou à bras et on glisse sous le bateau un second chevalet : une fois le cric enlevé, le bateau repose sur les deux chevalets, les roues suspendues. On enlève alors les roues, on déboulonne les tiges de

Fɪɢ. 21. — Appareil « Lauvergnat » transformé après les épreuves de Belval
(Photographie envoyée par le constructeur).

fixation et on les retire ainsi que l'essieu. Au moyen du cric, on soulève d'abord le
bateau d'un côté, ce qui permet de retirer un des chevalets, et on le descend jusqu'à
ce que l'une des extrémités touche terre; on opère de même pour l'autre côté et le
bateau repose à terre : il n'y a plus qu'à le pousser à l'eau.

Pour la remise à terre, l'opération est analogue, mais en sens inverse. On met le
cric, on place le bateau sur chevalets, on fixe les roues, on retire les chevalets et on
attelle en remorque.

A la suite des épreuves, le constructeur a immédiatement apporté diverses amé-
liorations à son appareil. Il résume comme suit les modifications et perfectionnements
qu'il a déjà apportés :

Roue à quatre palettes seulement, au lieu de six ;

Roue reportée à l'arrière du bateau, cet arrière étant entièrement dégagé ;

Moteur dans l'axe du bateau ;

Le moteur actionne un arbre intermédiaire qui a pris la place de l'ancien axe du
moteur, et qui envoie le mouvement, d'une part à l'arbre portant le plateau manivelle,
d'autre part aux poulies de la boîte de vitesse ;

La boîte de vitesse se trouve reportée vers l'arrière ;

Le fond du bateau a été modifié ;

Le refroidissement se fait au moyen d'une pompe de circulation en charge, puisant
l'eau à l'extérieur et la refoulant sur le moteur, puis au dehors, avec débit visible.

La vitesse de rotation du plateau manivelle commandant la faux a été portée à 350 tours par minute;

La direction est modifiée pour donner une grande précision dans la conduite du bateau.

On voit une photographie de l'appareil modifié (fig. 21).

COLLAS ET Cie, Maison Maupoix, à Triaucourt (Meuse) (fig. 22 et 23).

Bateau construit en bois, membrures et assemblages en chêne, revêtements en sapin, ayant en avant une barre coupeuse analogue à celle des faucheuses de prairies, à l'arrière une roue à aubes pour la propulsion, le tout actionné mécaniquement.

La coque est de forme rectangulaire, évasée vers le ciel, les flancs-bord légèrement inclinés; rétrécissement faible vers la proue, aucun vers la poupe. Le fond est uniformément plat, le bec coupé ayant un peu d'inclinaison vers l'avant; deux longerons de chêne fixés aux bordages à l'arrière prolongent la poupe et forment un porte-à-faux assemblé par une traverse, ce qui constitue un cadre horizontal entourant la roue à aubes; les coussinets de l'axe de cette roue reposent sur les longerons et les côtés de la roue sont protégés par des joues en tôle fixées à ces longerons. De plus, au-dessus de la roue, pour protéger des éclaboussures, il y a une sorte de caisse carrée à côtés

Fig. 22. — Appareil « Collas » en action.

FIG. 23. — Appareil « Collas » en action.

ouverts, en voliges de sapin, qui prend appui sur la traverse ; c'est aux montants de support de ce caisson, ainsi qu'à la traverse horizontale, que l'on adapte un gouvernail double dont les barres sont accouplées de façon à former un parallélogramme et restent parallèles entre elles dans toutes les positions.

La roue à aubes se compose de six pales droites rayonnant autour de l'arbre axial ; elles sont montées sur tiges métalliques et sont en bois.

La faux est fixée horizontalement à l'avant du bateau au moyen de deux arcs-boutants en cornières, qui servent en même temps de support à une planche inclinée placée en avant du bateau ; cette planche a pour but, d'après le constructeur, d'empêcher les roseaux coupés de venir sous le bateau, et aussi d'aider à l'évacuation des roseaux.

Les dimensions maxima de l'appareil sont :

Longueur	5ᵐ,50
Largeur. . . . . . , ...	1ᵐ,45
Hauteur des bords	0ᵐ,58
Largeur de la proue	1ᵐ,25

Poids en ordre de marche sans chariot : 900 kgs.

Prix de l'appareil complet avec chariot au moment des épreuves : 10.000 francs.

Un moteur Bernard de 3-3 1/2 CV. monocylindrique est fixé vers le milieu du bateau, l'arbre moteur dans le sens longitudinal de la coque; le refroidissement en est assuré par un ventilateur devant un radiateur contenant environ 4 litres d'eau.

Sur l'arbre moteur prolongé sont fixés deux tambours qui attaquent, par poulies folle et fixe, deux arbres de transmissions indépendants, placés près du bord gauche, parallèlement à l'axe de la coque et en prolongement l'un de l'autre; ces deux arbres sont montés sur coussinets à billes.

Le premier, dirigé vers l'avant, actionne directement la bielle de commande de la

Fig. 24. — Appareil « Collas ». — Mise sur chariot.

scie; à cet effet, il est terminé par un petit plateau circulaire qui porte vers sa circonférence un ergot formant pivot mobile de la bielle; cette dernière tourne autour d'un axe fixe adapté au bateau et porte à son extrémité inférieure un ergot entrant dans un anneau fixe au milieu de la lame et lui servant de pivot; le mouvement de rotation du plateau est ainsi transformé en mouvement horizontal de va-et-vient de la lame. Les pivots sont fermés par des écrous, de sorte que la bielle peut être facilement retirée, le porte-lame remonté et la lame réparée le bateau étant sur l'eau, sans qu'il soit besoin de revenir à terre.

Le changement de la hauteur de coupe se fait en descendant le porte-lame; à cet effet, des trous sont percés dans les supports du porte-lame et une bielle supplémentaire est fournie pour chaque hauteur de coupe.

La faux a une longueur de 2^m,85.

Le second arbre de transmission, dirigé vers l'arrière, actionne la roue à aubes par les intermédiaires suivants : un engrenage d'angle démultiplicateur, dont l'arbre secondaire est placé en travers du bateau, porte en son autre extrémité un pignon denté ; une chaîne le relie à un autre pignon fixé au côté droit de l'axe de la roue à aubes qui reçoit ainsi le mouvement du moteur.

L'embrayage de la faux est à portée de l'homme qui se tient à l'avant, celui de la roue à aubes est à portée de l'homme au gouvernail.

Toutes les transmissions sont montées sur coussinets à billes, sauf l'axe de la roue à aubes.

En vue du transport sur terre, les constructeurs ont établi un chariot spécial à deux roues à rais de fer et jante de bois munie d'un cercle en fer (fig. 24) ; ces roues ont un diamètre de 1 mètre et une largeur à la jante de 0^m,08 ; l'essieu est surmonté sans ressorts d'un solide cadre constitué par deux demi-madriers formant longerons terminés par le brancard et reliés entre eux au moyen de traverses en bois ; ils portent cinq rouleaux en bois à axe d'acier, régulièrement espacés, et, vers le brancard, un treuil de haquet, autour duquel s'enroule un filin d'acier ; ce filin est attaché à son extrémité libre à un crochet en S que, pour charger le bateau à terre, on attache à deux chaînes fixées solidement aux traverses de support du bec de la coque ; on tire alors le filin au moyen du treuil et on hâle ainsi le bateau ; dès que celui-ci atteint les rouleaux, la traction est facile et le bateau prend de lui-même position sur le chariot. La rigidité de la coque en bois simplifie considérablement la manœuvre. Il n'y a plus qu'à atteler les chevaux pour tout enlever.

Dans les endroits non carrossables, on supprime l'essieu et les deux roues, et le chariot sert de traîneau.

A la suite des épreuves de Belval, les deux concurrents, M. Jacques et M. Collas et Cie, se sont réunis pour faire un type nouveau groupant les qualités reconnues de leurs appareils. La construction sera exécutée dans les ateliers Collas et Cie.

D'après les indications fournies, la coque sera en bois, construite par la Maison Malo-Lebreton, boulevard d'Asnières, à Neuilly-sur-Seine (Seine), et affectera à peu près la forme de celle métallique du bateau *Jacques*. La barre coupeuse, avec un point d'attache unique, sera relevable pour permettre en pleine eau la visite de la lame ; elle sera placée en arrière du bec, celui-ci étant démontable instantanément, et la profondeur de coupe sera variable ; enfin l'arrière sera complètement dégagé, afin qu'aucune barre n'arrête les herbes, et le gouvernail, de forme spéciale, sera central, en arrière.

Michel LHÉRITIER, Professeur d'aquiculture à Ambazac (Haute-Vienne) (fig. 25).

L'appareil présenté est dénommé « Eureka ».

Il se compose d'une barre coupeuse, soit de 1^m,40 de longueur, soit de 2 mètres, analogue à celle des faucheuses agricoles, mais dont les doigts sont montés sur une cornière de 50/30 ; la faux se fixe par deux boulons amovibles à un bâti en deux

(Cliché de l'Office des Recherches.)

FIG. 25. — Appareil « Lhéritier ».

branches incurvées, lequel s'adapte au plat avant ou arrière d'une barque d'étang ordinaire au moyen de deux crochets de support ouverts de 5 c/m et profonds de 7 c/m et munis de vis à oreilles, qui sont placés en haut de chaque branche. Le bâti ainsi fixé au bateau par les crochets de support, la barre coupeuse occupe une position en porte-à-faux de 10 c/m en avant et de 75 c/m en-dessous des points d'attache : l'inventeur a tenu à donner ce porte-à-faux pour que les végétaux coupés n'empêchent pas l'avancement du bateau.

Les deux branches du bâti sont assemblées par deux entretoises desquelles partent deux bras horizontaux faisant triangle avec elles et se joignant en une bague destinée à guider l'arbre de pivot, exactement sur la verticale du montant fixe de la barre coupeuse.

Au milieu de la lame est rivée une douille en fer demi-rond, de 20 c/m de long, 3 c/m de large et 12 m/m d'épaisseur, traversée par un goujon de 15 m/m d'épaisseur et 5 c/m de hauteur, surmonté d'un écrou avec rondelle et bague : ce goujon sert de pivot à une pièce en fer plat, ou « tête de levier », de 12 c/m de long, 4 c/m de large et 15 m/m d'épaisseur ; cette pièce est percée, d'un côté, d'un trou ovale dans lequel on introduit le goujon de la douille de lame, et, de l'autre côté, d'un trou carré dans lequel viendra s'emboîter l'arbre de pivot.

Une tige en fer creux, de 1ᵐ,20 environ de longueur, sert de pivot pour le mouvement de la faucheuse ; elle est terminée aux deux extrémités par un carré suivi d'un filetage avec écrou, et suivi encore, pour le bout en bas, d'une partie cylindrique correspondant à un logement réservé dans la barre coupeuse. Cet arbre de pivot est donc passé dans la bague du bâti, le carré de l'extrémité inférieure dans le trou correspondant de la tête de levier, puis traverse la faux, en dessous de laquelle le tout est boulonné : ainsi placée, la tige servant de pivot est verticale. À son autre extrémité, en haut, on adapte au carré, par son milieu, une barre horizontale en forme de V très ouvert : c'est le levier de manœuvre.

Un homme, placé à l'avant de l'embarcation, devant la faucheuse, actionne en va-et-vient le levier de manœuvre, qu'il tient de chaque côté, à la main, et ce mouvement est transmis par l'arbre de pivot et la tête de levier, à la lame, qui coupe ainsi les roseaux. Le levier de manœuvre est plusieurs fois plus long que la tête du levier, afin de réduire l'effort du faucheur.

En vue de permettre de varier la hauteur de coupe, le constructeur ajoute une crémaillère, qui se compose d'un fer à T de 75 c/m de hauteur, dont l'âme est échancrée par 6 encoches tournées vers le haut et espacées de 8 en 8 c/m à partir du sommet ; on fixe cette crémaillère verticalement à une barque, au moyen de deux gâches munies d'une vis à T, et, au lieu d'attacher le bâti de la faucheuse au bec de la barque, on le suspend à l'encoche, à hauteur convenable, de la crémaillère, au moyen d'un anneau attaché à la traverse supérieure du bâti ; de cette façon la faux permet de couper à des profondeurs variant, de 8 en 8 c/m, de 5 à 40 c/m.

Afin d'éviter les oscillations latérales de la faux ainsi suspendue par un seul point, on place deux valets, munis de rondelles et écrous à oreilles, à chaque branche du bâti, et presqu'au sommet du bordage ; ils fixent solidement la faucheuse à l'embarcation.

Le constructeur livre également avec l'appareil un double versoir en tôle galvanisée, qui se fixe de chaque côté de l'arbre de pivot, dans le but de rejeter les roseaux coupés en dehors du champ de coupe. La barque mise à sa disposition aux étangs de

Belval n'avait pas une forme permettant d'installer cet accessoire : l'effet n'a pu en être constaté par le jury.

Poids de l'appareil avec la faux de 1ᵐ,40 : 44 kgs 5 ;
— — — 2 mètres : 58 kgs.

Prix de l'appareil au moment des épreuves :

avec lame de 1ᵐ,40 seule . . . .   850 francs ;
avec lames de 1ᵐ,40 et 2 mètres ensemble. . . . .   1.255 francs.

L'inventeur recommande d'actionner toujours la faucheuse avant de faire avancer le bateau par le percheur qui pousse à l'arrière, de manière que les végétaux coupés, dès qu'ils entrent en contact avec la lame, ne s'entassent pas entre les doigts.

Il recommande également de faire contrepoids à la charge de la faux, en mettant à l'autre bout de la barque une grosse pierre ou un lourd lingot de métal.

RIOLLET-DUFOUR, 46, Rue Lafayette, Paris (IXᵉ) (fig. 26, 27 et 28).

L'appareil présenté est dénommé « Le Tourbillon ».

Il se compose d'un disque de 0ᵐ,53 de diamètre, en acier fondu à bords tranchants, dont l'affûtage s'opère comme pour une faux ordinaire. Ce disque tourne horizontalement et il est porté par une tige d'acier carrée de 2 mètres de longueur, qui traverse un fourreau métallique de 90 c/m de longueur et portant :

En bas, une embase percée de trois trous servant à le fixer par le moyen de boulons à l'avant d'une barque quelconque ; vers le haut, un axe horizontal, auquel est fixé un pignon d'engrenage d'angle et une manivelle à main.

Au-dessus du fourreau tourne l'engrenage horizontal (à axe vertical), qui s'engrène avec le précédent, et qui est traversé par la tige carrée avec laquelle il tourne et fait corps à la hauteur désirée au moyen d'un boulon de serrage qui prend sur la tige carrée.

(Cliché de l'Office des Recherches.)

Fig. 26. — « Le Tourbillon ».

Le fourreau étant fixé sur une barque quelconque d'étang, on règle la hauteur de coupe en abaissant ou remontant le disque par la tige carrée qui coulisse dans l'engrenage horizontal, si l'on a préalablement desserré l'écrou ; une fois le disque mis à hauteur convenable, on serre l'écrou, et l'appareil est prêt à fonctionner. Un homme tourne la manivelle qui imprime, par les engrenages et la tige, un mouvement de rotation au dis-

(*Cliché de l'Office des Recherches.*)

Fɪɢ. 28. — « Le Tourbillon » au travail.

(*Cliché de l'Office des Recherches.*)

Fɪɢ. 27. — « Le Tourbillon » au repos.

que, lequel coupe les roseaux du fait de son mouvement. Un autre homme, placé à l'arrière du bateau, le pousse et le dirige à la perche.

Poids de l'appareil : 34 kgs.

Prix au moment des épreuves : 975 francs.

Engins inscrits pour les épreuves
mais n'y ayant pas pris part.

Descriptions présentées par les Constructeurs inscrits.

Première catégorie.

A. AMIOT, Ingénieur A. et M., à Saint-Vaast-la-Hougue (Manche) (fig. 29).

Cet appareil se compose d'une barque en tôle d'acier de 3 m/m d'épaisseur renforcée par une ceinture et des membrures en cornière de 50 × 50, et il a comme dimensions :

Longueur	5 mètres.
Largeur.	1ᵐ,60.
Hauteur	0ᵐ,53.

La barque porte à l'avant une faucheuse pouvant agir sous des hauteurs d'eau comprises entre 0ᵐ,20 et 0ᵐ,80. Elle est composée d'un bâti fer en U, portant à la partie

Fig. 29. — Appareil « Amiot » (d'après une photographie du constructeur).

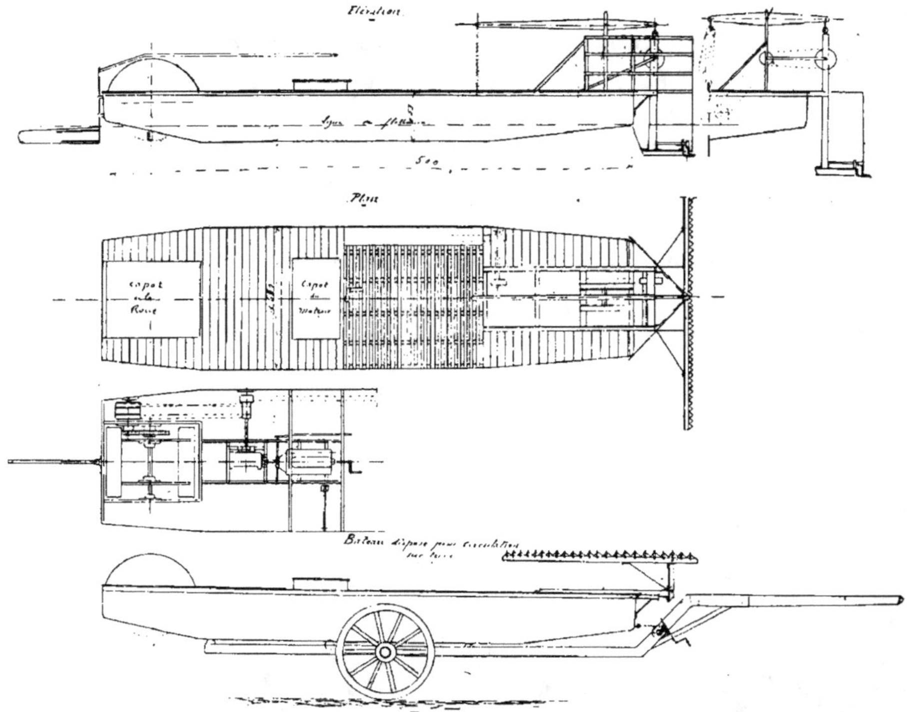

Fig. 30. — Appareil « Amiot » (dessin remis par le constructeur, type ancien).

supérieure un arbre manivelle et à la partie inférieure deux porte-lames placés symétriquement de part et d'autre de l'axe du bâti (fig. 30) ; elle peut fournir une largeur de coupe de 4 mètres ; ces porte-lames sont assemblés sur une charpente en cornière, les plaçant à une distance d'environ 0^m,40 en avant de la face du bâti. Dans cet intervalle est disposée une tôle en forme de V dont la pointe correspond au milieu et à l'aplomb des doigts des porte-lames, et dont les ailes embrassent la largeur du bâti.

Pour permettre la variation de la profondeur d'action des barres compensées, le bâti est suspendu à l'une des extrémités d'un balancier reposant en son milieu sur un chevalet et dont l'autre extrémité est solidaire des actions d'un palan différentiel ; des haubans, par couples, maintiennent d'une part le chevalet en position verticale, et d'autre part relient le chevalet au bâti de la faucardeuse.

Le déplacement de l'embarcation est assuré par une roue à aubes encastrée dans la partie arrière et recouverte d'un capot en tôle.

Elle reçoit son mouvement, ainsi que la faucardeuse, par l'intermédiaire de poulies et d'engrenages, d'un moteur à quatre cylindres situé vers le centre du bateau de la force de 7 CV, tournant normalement à 1.800 tours, ayant des cylindres de 60 m/m d'alésage et des pistons d'une course de 110. Il est muni d'un carburateur Zénith et d'une magnéto blindée haute tension. Le refroidissement est assuré par une pompe à engrenages et une circulation par thermo-siphon. Le graissage s'effectue sous pression. Les accessoires comprennent en outre des réservoirs à essence en cuivre, un

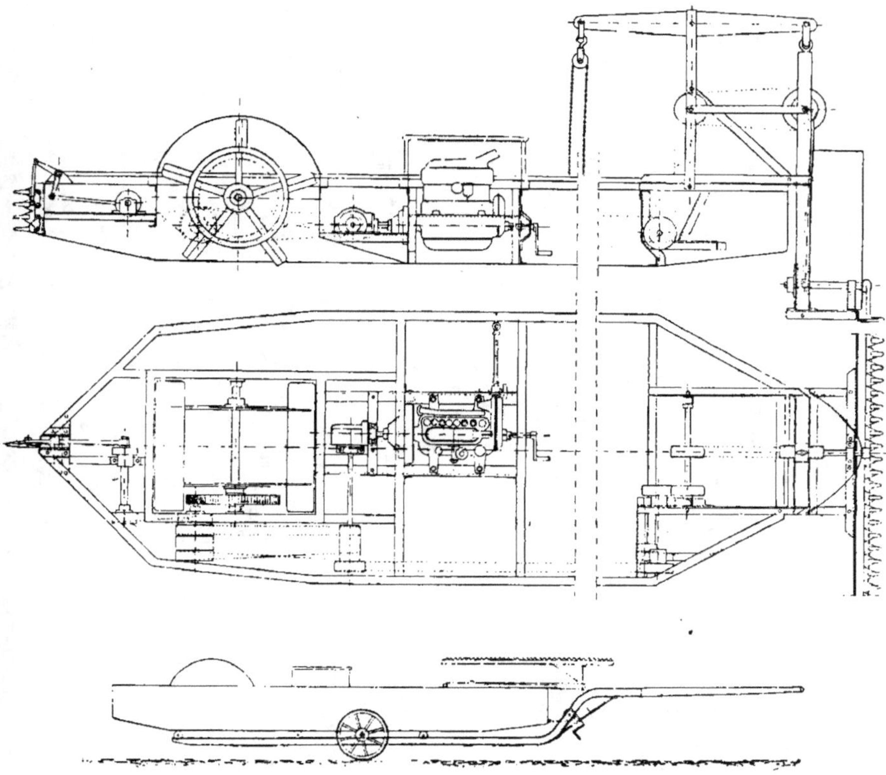

Fig. 31. — Appareil « Amiot » type 1926 (dessin remis par le constructeur).

réservoir à eau en tôle étamée, une manette de carburateur, un interrupteur de courant.

La relation du moteur avec la transmission est faite au moyen d'un embrayage à cône.

Le bateau est muni d'un gouvernail et d'un aviron.

La transmission comprend au départ un couple conique en acier enfermé dans un carter dans lequel les arbres sont munis de roulements et de butées à billes.

Les poulies sont en fonte et en tôle d'acier ; les engrenages commandant la roue à aubes sont en fonte. Il existe une marche avant et une marche arrière.

La partie centrale du bateau comporte un plancher à claire-voie ; les transmissions sont recouvertes par des plates-formes en sapin. Les seules parties mobiles sont les barres coupeuses et le bâti de la faucardeuse.

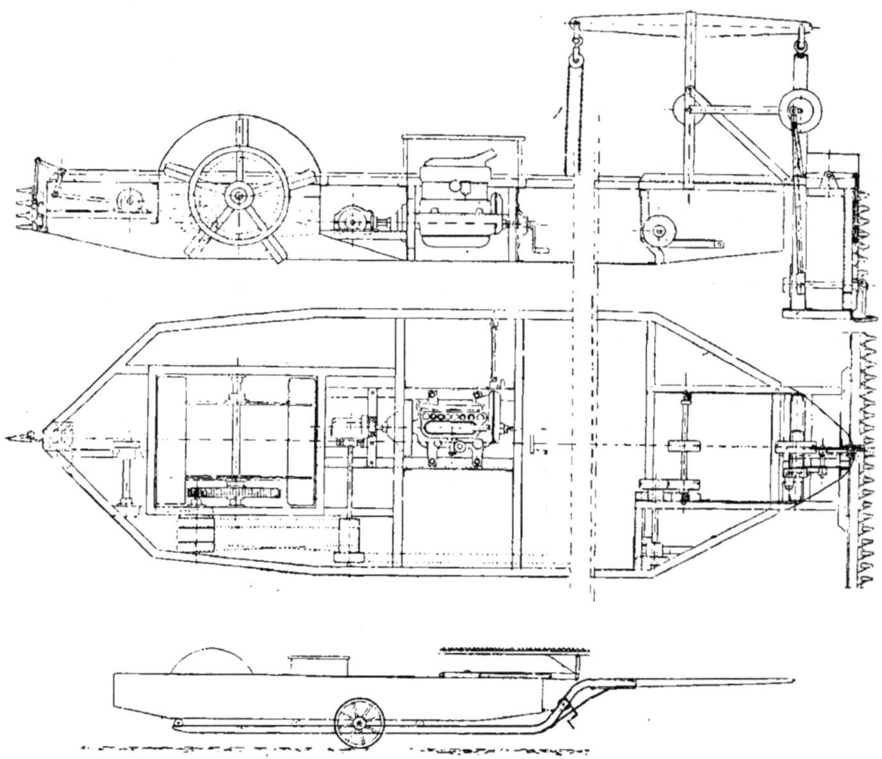

Fig. 32. — Appareil « Amiot » type 1926, avec faux verticale (dessin remis par le constructeur).

Les barres coupeuses, d'une longueur individuelle de 2 mètres, pèsent chacune 30 kgs.

Le bâti de faucheuse, d'une longueur de $1^m,60$, d'une largeur de $0^m,65$ et d'une épaisseur de $0^m,025$, pèse 80 kgs.

Pour le transport sur route, le bateau repose sur un châssis en U de 10 c/m monté sur un essieu à deux roues et muni de deux brancards. Le châssis comporte une série de rouleaux, et le bateau est mis en place à l'aide d'un câble actionné par un treuil.

Les bateaux modèle 1926 (fig. 31) sont caractérisés par des lames de faucheuse

agissant verticalement ; l'une, faisant partie de la faucardeuse, fauche les herbes traînantes, en tronçonnant celles fauchées par les lames horizontales et qui pourraient avoir
tendance à rester en avant de la faucheuse. L'autre lame verticale, placée à l'extrémité
arrière du bateau (fig. 32), mais appelée à se trouver à l'avant lors de la circulation
sans travail, a pour but de trancher les herbes flottant sur les eaux après les opérations de faucardement, et de fournir ainsi la libre circulation du bateau.

Poids du bateau : 1.200 kilos sans appareil de transport; 1.500 kilos avec le
chariot.

Prix au moment des épreuves : 14.600 francs.

DEUXIÈME CATÉGORIE.

Néant.

TROISIÈME CATÉGORIE.

Jacques GONNET, à Pont-lez-Brie (Somme) (1) (fig. 33).

Cet appareil se divise en trois parties bien distinctes :
1° La faux et son manche;
2° L'appareil moteur et son châssis;
3° L'appareil générateur.

I. — La faux est un instrument picard en forme de V à bords tranchants qui est
traîné derrière un bateau quelconque et ramené en avant par secousses brusques
d'une amplitude de 0^m,30 à la cadence de 30 coups à la minute environ.

Ce genre de faux, qui est employée à la main en Haute-Somme depuis des temps
immémoriaux, est montée sur un manche en bois fixe faisant avec le V un angle de
135° et reliée à ce V par une douille coupante sur son avant appelée talon (voir fig 33).
Les lames du V sont rivées ou boulonnées sur un fer plat et par conséquent interchangeables.

Dans la faux mécanique, le talon est articulé et libre dans deux sens en plan et en
long pour permettre à la faux de travailler sous divers angles et par suite à différentes profondeurs. Le manche est en tube creux pour coulisser dans les guides du
châssis et rendu tranchant sur sa face avant pour tracer son chemin dans les herbes.
Un œil dans le haut du manche est ménagé pour le relier au piston à air.

II. — L'appareil moteur qui existe tout fait dans de nombreuses usines est un
piston de levage à air comprimé dont la course est de 0^m,30.

Il est actionné automatiquement par l'avancement du bateau à raison de 30 à
40 levées à la minute, selon la vitesse donnée au bateau.

Il est muni vers le milieu de deux tourillons pour le placer sur son châssis et sur
lesquels il peut osciller pour prendre automatiquement, par rapport au fond, l'inclinaison nécessaire.

---

(1) Le bateau, inscrit par le concurrent dans la 3e catégorie, appartient, d'après ses dessins et les explications, à la 2e catégorie.

Le châssis est en bois (chevrons de 6/8) ou en acier profilé, comprenant : deux longerons de 1 mètre, reliés à l'avant par une traverse extensible de 0^m,60 à 1 mètre pour permettre l'accrochage du châssis à tous les bords de bateau au moyen de 2 mâchoires avec vis à oreilles.

Les deux longerons sont également munis de mâchoires avec vis à oreilles pour fixer le châssis au tableau arrière du bateau.

Une traverse fixe relie les deux longerons à l'arrière. De cette traverse partent 2 petits longerons qui se prolongent en dehors du bateau et qui sont juste assez rapprochés pour laisser passer le manche de la faux et lui servir ainsi de guide.

Sur les deux grands longerons 2 flasques de 0,30 de hauteur avec un palier à leur sommet (genre affût de mitrailleuse) reçoivent les tourillons du piston à air.

III. — L'appareil générateur est un groupe compresseur d'air à essence de 4 HP 3/4 à 5 HP, tels qu'ils existent dans l'industrie. Placé sur un bâti transportable, il se pose dans le fond du bateau avec son réservoir à air, d'une contenance de 120 litres.

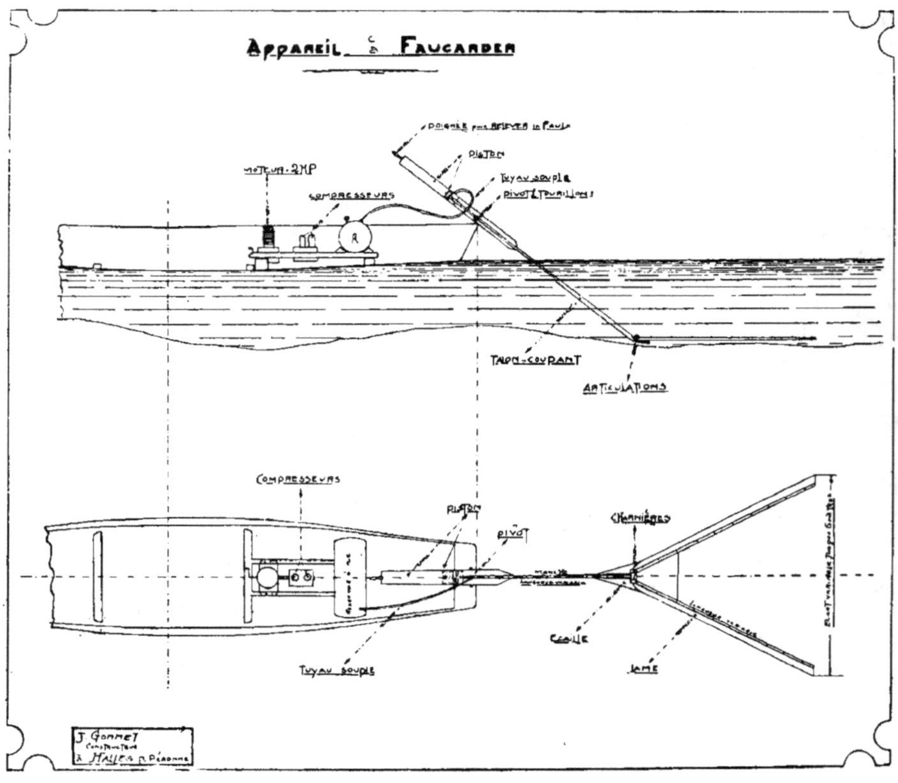

Fig. 33. — Dessin de l'appareil « Gonnet » remis par le constructeur.

FONCTIONNEMENT.

Mise en place de l'appareil. — 1° Placer au fond du bateau aux 2/3 vers l'arrière le groupe compresseur et son réservoir à air. Caler le bâti du groupe contre les bords du bateau ;

2° Fixer le châssis aux deux bords par la traverse extensible et serrer les mâchoires, serrer également les mâchoires des longerons sur le tableau arrière ;

3° Mettre le piston en place sur ses tourillons.

Faire la liaison avec le moteur (tuyau d'amenée de l'air) ;

4° Mettre la faux à l'eau à l'arrière du bateau, passer le manche dans les guides du châssis. Relier le manche à la tige du piston.

Mettre le moteur en marche dès que le réservoir est suffisamment plein, faire avancer le bateau : ce mouvement ouvre la vanne d'air du piston qui se met en marche.

Les deux hommes qui poussent le bateau n'ont plus qu'à le diriger et le pousser aux endroits où il y a des herbes à couper.

Pour tourner court ou sur place il est nécessaire de relever la faux et de la laisser retomber une fois tourné.

DEVIS ESTIMATIF DE CONSTRUCTION.

Faux avec son manche.	1.000 frs.
Piston de levage et châssis.	2.000 —
Groupe compresseur et réservoir.	5.000 —
Ensemble.	8.000 frs.

GAU, Pisciculteur, à Nogent-le-Rotrou (Eure-et-Loir) (fig. 34).

Son appareil est dénommé « SI ».

L'outil consiste en une bande d'acier de 10 m/m de largeur, dentée des deux côtés, d'une longueur indéterminée, mais fixée pour l'appareil usuel à 40 mètres.

Cette lame faite dans un acier spécial, mou, flexible, résistant, de composition et qualité toutes spéciales, est munie d'olives que l'on peut placer, selon les courants, plus

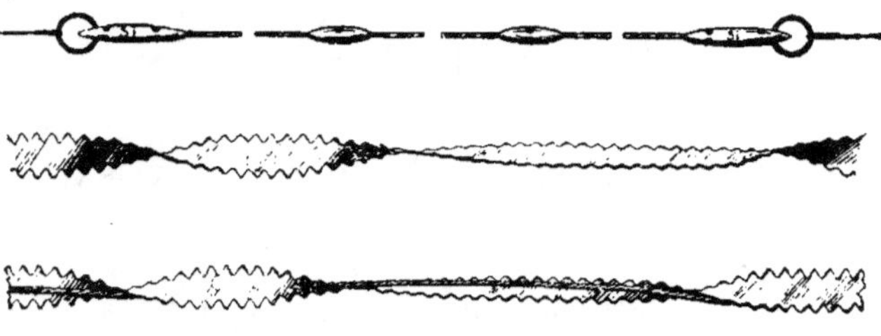

Fig. 34. — La « Si » (dessin de Gau).

ou moins rapprochées, mais généralement de 2 à 5 mètres et qui, par leur poids, obligent la lame à tenir le fond de l'eau. Par leur forme, ces olives empêchent la scie de s'engager dans les rochers ou racines, ce qui ne les empêche nullement de glisser sur la vase.

A chaque extrémité de la bande se trouve une olive spéciale plus lourde et plus longue munie d'un anneau.

Quoique antérieurement essayé, ce principe n'avait pu, grâce à la denture employée, obtenir le succès actuel.

L'acier employé à sa fabrication est tellement malléable qu'il ne peut que difficilement se casser tout en supportant la torsion. Il représente même alors un pouvoir tranchant beaucoup plus considérable.

Dans les surfaces d'eau où il existe des rocailles, arbustes, morceaux de bois,

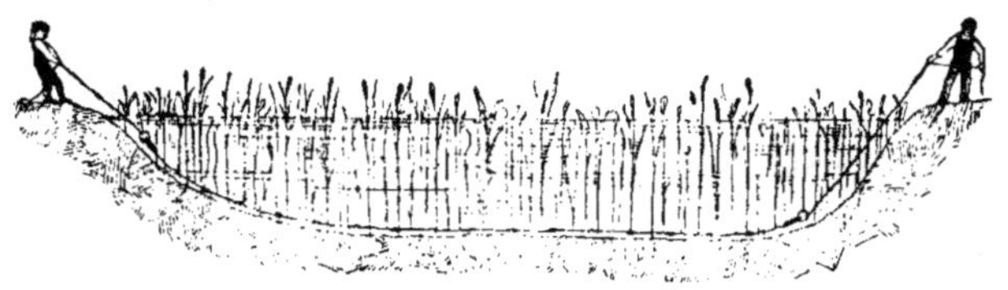

Fig. 35. — Présentation du fonctionnement de la « Si », par Gau.

etc..., etc..., il est recommandé de consolider et de renforcer la lame par un câble en acier fin qui peut se fixer sur la lame sans rien lui enlever de son pouvoir coupant.

Son fonctionnement consiste en un mouvement de va-et-vient, comme dans le sciage de tout objet (fig. 35).

Il n'est pas indispensable que la scie « SI » ait une longueur de 40 mètres, on peut la réduire ou l'augmenter selon les lieux.

Il est même utile de proportionner la longueur de la scie à la largeur maxima de la surface que l'on veut débarrasser.

Il est toujours possible d'augmenter la longueur de la scie en ajoutant, à une extrémité, la longueur désirée.

CHAPITRE III

Rapport du Jury.

A MESSIEURS LES MEMBRES DU COMITÉ D'ORGANISATION

Messieurs,

Le Jury que vous avez bien voulu désigner pour contrôler les résultats des épreuves de faucardement de Belval (Marne), qui ont eu lieu du 7 au 11 juin 1926, a l'honneur de vous rendre compte de la mission que vous lui avez confiée.

I. — **Considérations générales.**

Malgré quelques forfaits d'appareils inscrits qu'il eût été très intéressant de voir fonctionner, les bateaux et les appareils portatifs participants furent assez nombreux pour que les épreuves aient présenté l'intérêt sur lequel on était en droit de compter. Le nombre des personnes qui ont suivi assidûment les épreuves, malgré le mauvais temps, et qui étaient venues de régions souvent très éloignées, en est la meilleure preuve. Quelques amateurs, arrivés un peu tard, ont manifesté leurs regrets de n'avoir pas pu assister au travail des engins.

Tous les appareils présentés, sans exception, ont pris part à toutes les épreuves qui leur ont été imposées et travaillaient le dernier jour aussi bien, sinon mieux, qu'au début des épreuves; le fait est assez rare dans les concours d'appareils mécaniques pour être signalé.

Un seul concurrent s'est présenté en temps fixé pour les essais chimiques. Un autre a envoyé des produits deux semaines après la clôture : ils seront essayés. Pour le concurrent qui s'est présenté, l'épandage s'est effectué sous les yeux des membres du Jury. Les résultats ne seront concluants qu'après un certain temps.

Le règlement élaboré par le Comité d'organisation a été reconnu d'une application facile et son observation par les concurrents n'a donné lieu à aucune réclamation. Il n'y aurait que quelques légères retouches à y apporter pour le rendre encore plus simple.

En résumé, le but poursuivi par l'Union nationale des Syndicats de l'Etang a été pleinement atteint. Son Comité d'organisation a mis au point, en un temps très court, une organisation parfaite tant au point de vue du programme, règlement, administration, qu'au point de vue pratique. Nous remercions les gardes forestiers de Givry en-Argonne et voisins qui ont contribué, sur le terrain, à la difficile préparation des lots, et, pendant le concours, à la surveillance, avec un zèle qui ne s'est pas démenti.

Quant aux délégués officiels auprès du Jury, il suffirait de les nommer pour savoir avec quel dévouement, quelle assiduité et quelle compétence ils se sont joints aux membres de l'Union pour surveiller les épreuves, apprécier, chronométrer et juger le travail de chacun des concurrents, terminer enfin chacune de ces journées fatigantes et déjà bien remplies par l'attribution minutieuse des points.

L'absence forcée de M. Legendre, retenu par d'autres occupations, nous a privés d'un concours extrêmement précieux, et que nous avons vivement regretté.

Nous tenons aussi à remercier notre hôte aimable, M. Pol-Roger, qui a non seulement mis à notre disposition des étangs disposés à la perfection pour ce genre d'épreuves, mais qui, en nous offrant une hospitalité aussi affectueuse et large qu'attentive à deviner nos besoins, a réduit au minimum la fatigue imposée aux membres du Jury et de la Commission d'organisation.

A notre connaissance, c'est la première fois dans le monde entier qu'une compétition de cette nature était réalisée. Elle a suscité chez tous ceux qui ont assisté aux épreuves, membres du Jury, spectatrices et spectateurs, concurrents, un intérêt dont on ne pouvait pas soupçonner l'importance. C'est, pour l'initiative prise par l'Union, un très précieux encouragement; c'est aussi, peut-être, l'indication que cette manifestation ne doit pas rester isolée et qu'il serait bon de la renouveler dès 1927 si les ressources de l'Union le permettent.

Grâce à l'amabilité de M. Breton, directeur de l'Office national des Recherches et des Inventions, les épreuves de faucardement de Belval ont eu les honneurs de la photographie et de la cinématographie. Deux dévoués opérateurs ont bravé les intempéries et les dangers d'une navigation improvisée pour prendre quantité de clichés qui offrent un grand intérêt.

Un opérateur de la Maison Pathé a également fait le déplacement, et nous verrons certainement sur l'écran des scènes originales.

Notons enfin l'excellent esprit avec lequel les concurrents se sont présentés à la compétition. Ils avaient évidemment le désir bien légitime de mettre en valeur l'appareil qu'ils présentaient, mais ils appréciaient sans acrimonie ce qu'ils trouvaient de bien dans les autres et rendaient très volontiers à leurs concurrents, avec la plus grande complaisance, quantité de services.

On sentait chez tous le désir de voir la réussite des épreuves et celui d'arriver, dans un avenir prochain, à vaincre l'ennemi commun : le roseau associé aux plantes nuisibles.

II. — Participants.

Ont pris part aux épreuves :

PREMIÈRE CATÉGORIE.

Néant.

La Maison Amiot, de Saint-Vaast-la-Hougue, seule inscrite dans cette catégorie, a déclaré forfait, son appareil n'ayant pu être prêt en temps voulu.

DEUXIÈME CATÉGORIE.

a) MM. Henché et Xénard, à Champigneulles (Meurthe-et-Moselle).

Avec un bateau en tôle d'un poids de 900 kilos en ordre de marche; longueur 5ᵐ,50, largeur 1ᵐ,60, hauteur 0ᵐ,50; moteur de Dion monocylindrique, type industriel, d'une puissance de 5-7 CV; largeur de coupe 2ᵐ,50.

b) M. Jacques, à Vanault-les-Dames (Marne).

Avec un bateau en tôle d'un poids de 600 à 700 kilos en ordre de marche; longueur 5ᵐ,50, largeur 1ᵐ,20, hauteur 0ᵐ,50; moteur Bernard monocylindrique d'une puissance de 3 à 3 1/2 CV; largeur de coupe 2ᵐ,20.

c) M. Lauvergnat, à Châteauroux (Indre).

Avec un bateau en tôle d'un poids de 800 kilos en ordre de marche; longueur 5ᵐ,50, largeur 1ᵐ,40, hauteur 0ᵐ,50; moteur de Dion monocylindrique, type ordinaire, d'une puissance de 5-6 CV; largeur de coupe 2ᵐ,80.

d) MM. Collas et Cᵢₑ (Maison Maupoix) à Triaucourt (Meuse).

Avec un bateau en bois d'un poids de 900 kilos; longueur 5ᵐ,50, largeur 1ᵐ,40, hauteur 0ᵐ,58; moteur Bernard monocylindrique d'une puissance de 3 à 3 1/2 CV; largeur de coupe 2ᵐ,85.

Tous ces appareils sont mus par moteur à essence au moyen d'une roue à aubes et comportent une scie de faucheuse qui fonctionne à l'avant du bateau dans un plan horizontal à une cote variable, à l'exception de l'appareil de Jacques dont la scie est à profondeur constante.

En ordre de marche, leur vitesse horaire est en régime normal de :

Hencké et Xénard.	5 km.
Jacques.	5 km. 200
Lauvergnat.	3 km. 650
Collas.	3 km. 950

TROISIÈME CATÉGORIE.

a) M. Riollet-Dufour, 46, rue Lafayette, à Paris.

Avec un appareil rotatif « Le Tourbillon » d'un poids de 34 kilos.

b) M. Lhéritier, à Ambazac (Haute-Vienne).

Avec une faucheuse à scie portative « Eureka » d'un poids de 58 kilos.

Ces deux appareils sont mus à la main et ont une hauteur de coupe variable.

M. Gonnet, à Pont-lez-Brie (Somme), inscrit dans cette catégorie, ne s'est pas présenté.

M. Gau, à Nogent-le-Rotrou (Eure-et-Loir), inscrit pour une scie à ruban, a été rappelé chez lui en cours de route par télégramme et n'a pu prendre part aux épreuves.

ESSAIS CHIMIQUES.

Compagnie des Produits chimiques électrométallurgiques d'Alais, Froges et Camargue, siège social à Lyon, 9, rue Grolée, administration centrale à Paris, 126, rue de la Boétie, usines à Chedde et Saint-Auban.

Agit par épandage, au pulvérisateur, d'une solution de chlorate de soude, à dose variée.

MM. Solvay et Cie, 69, avenue Victor-Emmanuel III, à Paris.

A envoyé, postérieurement aux épreuves, du carbonate de soude et des lessives de chlorure de calcium. Ces produits seront essayés en présence d'une délégation du jury.

III. — Epreuves.

Les épreuves ont eu lieu dans les conditions prévues au règlement, sauf les deux modifications suivantes : 1° le jury a estimé utile d'évaluer la vitesse de marche des appareils mus par moteurs, l'importance de la tenue des bateaux étant apparue au

cours de la seconde épreuve celle-ci; a été écourtée concernant la capacité de pro-
duction, une journée pleine de travail ayant paru suffisante pour avoir des données
justes, et une course de vitesse a eu lieu, dont les résultats ont été donnés plus haut;
2° l'étang de Braux-Forêt est envahi de mottes en tourbettes de sorte qu'il n'a pas été possible d'y faire travailler les bateaux en vue du rendement : les chiffres de la deuxième
épreuve ont été admis pour la troisième en les réduisant proportionnellement.

Le tarif des prix d'application a été fixé comme suit par le Jury :

heure de manœuvre. . . . . 2 fr. 10
heure de cheval. . . . . 5 — »
litre d'essence . . . . 3 — »
litre d'huile. . . . . 11 — »

Les épreuves se sont poursuivies sans interruption du 7 au 10 juin. Les concurrents
ont été notés comme suit :

Deuxième catégorie.

a) HENCKÉ ET XÉNARD a obtenu les points suivants :

1re épreuve. . . . . 210 points.
2e épreuve. . . . . 1.042 —
3e épreuve. . . . . 1.045 —
Total. . . . 2.297 points.

Dans les épreuves, l'appareil n'a pu être retiré de l'eau et remis à l'eau qu'après
des délais très longs.

Dans l'essai de la deuxième épreuve, la surface parcourue nette (coefficient $f = 1$) a
été de 9.920 m² en 4 h. 1/4 avec une consommation de 10 litres d'essence et un effectif
de trois hommes; le travail de faucardement a été effectué dans des conditions très
satisfaisantes. La surface réelle faucardée par heure ressort à 2.339 m² et la consommation par hectare à 10 litres. Le prix de revient à l'hectare, aux prix d'application
déterminés d'après les cours du moment pour tous les concurrents, ressort, d'après la
formule du règlement, à 87 fr. 10.

La coupe atteint le minimum de 0^m,30 en profondeur.

Dans la troisième épreuve, les frais de chargement, transport, déchargement et mise
à l'eau ressortent à 52 fr. 73, ayant nécessité un long travail de trois hommes et l'emploi
de quatre chevaux. La faible hauteur des roues du chariot ne permettant pas le passage
sur une partie du chemin de l'étang de Braux-Forêt, il a fallu mettre l'appareil à l'eau
dans un emplacement très défavorable, ce qui explique le coût élevé de l'opération.

b) JACQUES a obtenu les points suivants :

1re épreuve. . . . . 280 points.
2e épreuve. . . . . 1.526 —
3e épreuve. . . . . 300 —
Total. . . . 2.106 points.

L'appareil s'est bien comporté dans les deux premières épreuves. Dans la première
il est arrivé à passer au travers de couches de vieux roseaux très denses et très durs.

Dans l'essai de la deuxième épreuve, la surface (coefficient $f = 1,2$) nette parcourue a été de 17.300 m² en 5 h. 40, avec une consommation d'essence de 6 litres et un effectif de deux hommes ; le travail de faucardement a été effectué dans des conditions très satisfaisantes, la surface parfaitement nettoyée. La surface nette faucardée par heure ressort à 3.000 m² environ et la consommation d'essence par hectare à 3 lit. 1/2. On peut donc admettre que si $f = 1$ ces quantités auraient été respectivement de 3.600 m² et de 2 lit. 8. Le prix de revient à l'hectare ressort, d'après la formule du règlement, à 43 fr. 48 (surface réellement parcourue sans tenir compte du coefficient de difficulté). La coupe atteint le minimum de $0^m,28$ de profondeur.

La troisième épreuve a été marquée par un accident regrettable, qui n'a pas permis à l'appareil de terminer l'épreuve : la mise à l'eau a été faite trop brusquement et en un endroit mal choisi, près de la bonde en pleine eau ; par suite de cette fausse manœuvre le bateau a coulé. Il a été retiré le lendemain et, après changement seulement de la magnéto, il est reparti aussitôt. Les frais de chargement, transport, déchargement et mise à l'eau ressortent à 7 fr. 13 ; un seul cheval a été suffisant pour mener la voiture portant l'appareil.

c) LAUVERGNAT a obtenu les points suivants :

1ʳᵉ épreuve.	205 points.
2ᵉ —	844 —
3ᵉ —	840 —
Total. . . .	1.889 points.

Dans l'essai de la deuxième épreuve, la surface (coefficient $f = 2$) a été de 5.200 m² (dont une surface mal nettoyée de 750 m²) en 4 h. 45, avec une consommation d'essence de 10 litres et un effectif de 3 hommes. L'attention du jury s'est portée spécialement sur la difficulté du travail dans le lot tiré au sort ; l'appareil aurait eu certainement un bien meilleur rendement avec une équipe plus entraînée. La surface nette convenablement faucardée par heure ressort à 935 m² et la consommation par hectare à 22 lit. 1/2. On peut donc admettre que si $f = 1$, ces quantités auraient été respectivement de 1.870 m² et 11 lit. 25. Le prix de revient ressort, d'après la formule du règlement, à 167 fr. 90 (surface réellement faucardée, sans tenir compte du coefficient de difficulté). La coupe atteint le minimum de $0^m,30$ en profondeur.

Dans la troisième épreuve, les frais de chargement, transport, déchargement et mise à l'eau ressortent à 25 fr. 13. A noter que les bandages en pneumatique du chariot se sont parfaitement comportés, même sur les chemins de terre avec ornières accédant à l'étang, et le bateau a pu être remorqué sur route par une petite auto à l'allure de 40 kilomètres à l'heure.

d) COLLAS a obtenu :

1ʳᵉ épreuve.	210 points.
2ᵉ —	1.297 —
3ᵉ —	1.240 —
Total. . . .	2.747 points.

Dans l'essai de la deuxième épreuve, la surface (coefficient $f = 1,4$) a été de 18.500 m² (dont une surface mal nettoyée de 2.700 m²) en 5 h. 40, avec une consommation d'essence de 7 litres et un effectif de 3 hommes. La surface nette convenablement faucardée par heure ressort à 2.790 m² et la consommation d'essence par hectare à 4 lit. 1/2. On peut donc admettre que si $f = 1$ ces quantités auraient été respectivement de 3.900 m² et 3 lit. 20. Le nettoiement aurait pu être bien meilleur si l'appareil avait été dirigé avec plus de sûreté. Le prix de revient à l'hectare ressort, d'après la formule du règlement, à 58 fr. 20.

La coupe atteint le minimum de $0^m,30$ en profondeur.

Dans la troisième épreuve, les frais de chargement, transport, déchargement et mise à l'eau ressortent à 15 fr. 75, ayant nécessité 3 hommes et l'emploi de 3 chevaux.

Au total, les concurrents ont obtenu :

Hencké et Xénard	2.297 points.
Jacques.	2.106 —
Lauvergnat.	1.889 —
Collas.	2.747 —

Troisième catégorie.

a) M. Riollet-Dufour a obtenu :

1ʳᵉ épreuve.	15 points.
2ᵉ épreuve.	275 —
Total. . .	290 points.

b) M. Lhéritier a obtenu :

1ᵉ épreuve.	50 points.
2ᵉ épreuve.	325 —
Total. . .	375 points.

Ces appareils ont été essayés sur des barques quelconques ; on les met en place en un temps extrêmement court, de quelques minutes si la barque a reçu un aménagement insignifiant ; ils se retirent, *le Tourbillon* en une minute, *l'Eureka* en trois minutes.

Chaque appareil nécessite 2 hommes, un à la perche, l'autre à l'appareil.

L'étang de Braux-Forêt ne se prêtant pas à des essais, surtout pour ces petits appareils, en raison de la pullulation des mottes, les concurrents n'ont pas été invités à prendre part à la troisième épreuve, qui n'aurait d'ailleurs donné aucun enseignement.

Les résultats trouvés ont été les suivants :

a) *Le Tourbillon*, surface parcourue : 4.500 m² en 6 heures, soit à l'heure 750 m².
Prix de revient à l'hectare d'après la formule du règlement : 104 francs.

b) *L'Eureka*, surface parcourue 5.000 m² en 5 h. 40, soit à l'heure 900 m².
Prix de revient à l'hectare d'après la formule du règlement : 99 à 100 francs.

IV. — **Essais chimiques.**

La Compagnie d'Alais, Froges, Camargue a effectué en quelques instants, sous les yeux des délégués du Jury, des essais sur des coupons préalablement jalonnés de 2 ares chacun.

Le liquide a été dosé dans le premier essai à raison de 2 kgs 500 de chlorate de soude dans 10 litres d'eau épandus au pulvérisateur; prix de revient par hectare 450 francs. Il a été dosé dans le second essai à raison de 5 kgs de chlorate dans le même volume d'eau ; prix de revient par hectare 895 francs. Les prix de revient sont établis, bien entendu, au cours du moment des expériences.

Les constatations, une dizaine de jours après l'épandage, ont été les suivantes :

1er lot. — La végétation constituant les mottes en tourbettes est légèrement roussie.

2e lot. — La végétation de l'année (de l'année seulement) est complètement roussie. Les roseaux n'ont pas souffert. Par contre une jeune cépée de frène est complètement noire.

Rappelons qu'il est tombé de terribles pluies d'orage aussitôt après l'épandage. Il y aura à voir si les souches et racines sont vraiment détruites ; les emplacements seront visités et notés périodiquement par le représentant local du Comité d'organisation, et de nouveaux essais seront tentés.

Conclusions.

Appareils de 2e catégorie.

a) Hencké et Xénard. — Le bateau est d'une construction soignée et paraît très robuste. La partie mécanique est bien exécutée et de conception simple. La coupe peut se faire à profondeurs variables. La vitesse est satisfaisante. Cet engin aurait certainement pu faire un meilleur travail s'il avait été conduit par un pilote ayant l'expérience et la pratique du faucardage. Les moyens employés pour la mise à terre et la mise à l'eau ont fait perdre beaucoup de temps. Les roues du chariot construit exprès pour l'appareil sont trop petites et trop étroites pour permettre la circulation sur des chemins de terre, fréquents aux abords des étangs. Deux entretoises transversales relient les caissons arrière à la coque : il y aurait avantage à supprimer l'entretoise inférieure sur laquelle s'amassent les débris rejetés par les palettes, ce qui entraine une grande déperdition de vitesse.

b) Jacques. — Bateau de conception très simple, de bonnes formes. Sa légèreté le rend très maniable et son gouvernail unique et puissant assure une direction précise. Sa vitesse et la grande expérience de son auteur lui ont permis de faucarder très complètement et avec une faible consommation une surface de près de deux hectares en moins de six heures. Il y aurait intérêt à pouvoir retirer la lame avant de sortir le bateau de l'eau, ce qui permettrait de le charger par l'avant, et surtout de le décharger par l'arrière ; la mise à l'eau par la pointe avant, avec une manœuvre malheureuse et trop précipitée, l'a fait se remplir d'eau et couler instantanément. La longueur de la lame pourrait être avantageusement augmentée. Même observation que pour le précédent en ce qui concerne l'entretoise arrière.

c) Lauvergnat. -- Bateau fort intéressant au point de vue mécanique. L'idée qui a guidé son constructeur, celle de réaliser un engin pouvant être manié par un homme seul, a nécessité la réunion, au centre du bateau, de tous les organes de commande. Il en résulte une assez grande complication qui n'est pas compensée par une réduction de personnel puisqu'un homme au moins est nécessaire à l'avant, et la circulation est difficile dans le bateau. Le constructeur s'est attaché à la recherche d'un machinisme plus précis que n'en comporte un engin de cette nature qui relève plutôt de la mécanique brute de la machine agricole. Le propulseur est logé dans un tambour presque complètement clos ; son rendement est faible, de sorte que la vitesse de marche est visiblement insuffisante : le bateau qui, dans sa conception générale, serait excellent pour le faucardement des rivières, ne pourrait remonter un courant tant soit peu rapide. Une marche arrière rend la manœuvre de virage très facile : c'est surtout dans les rivières que ce perfectionnement serait appréciable. Une hélice à 4 pales à l'arrière faite dans l'intention de faciliter les rotations, n'a pas donné de résultats. La faux peut être levée ou abaissée même en cours de marche : elle est supportée au moyen d'un prisme triangulaire articulé qui lui maintient sa rigidité et qui est d'une excellente conception. Tous les arbres sont munis de paliers à billes. Pour le transport sur route on adapte deux roues munies de bandages pneumatiques qui donnent d'excellents résultats, et permettent d'atteler l'appareil à une auto et de rouler à 40 kilomètres à l'heure. En somme appareil très intéressant, avec beaucoup de particularités heureuses, mais avec d'autres moins pratiques. L'équipage n'avait aucune expérience de faucardage et il se peut qu'en des mains plus expertes le bateau puisse fournir une meilleure carrière.

d) Collas et Cie. — Excellent outil de travail, ce bateau est le seul présenté dont la coque soit en bois. De construction robuste et simple, il est complété par un haquet à rouleaux fixes qui rend sa mise à terre ou à l'eau excessivement simple et rapide. L'avant est rectangulaire comme l'arrière et porte, en plus, une planche dont le but est de provoquer un remous d'eau devant la coque et de faciliter ainsi le dégagement des herbes coupées. Il ne semble pas que ce dispositif, qui nuit beaucoup à la vitesse, soit très efficace, puisque la présence de deux hommes à l'avant est nécessaire. La forme large de l'avant nuit aussi à la vitesse et probablement aussi à la précision dans la direction. Deux arbres de transmission, l'un longitudinal, l'autre transversal, à la hauteur du plat-bord, rendent difficile et assez dangereuse la circulation dans le bateau. La bielle de commande de la faucheuse devrait être protégée par un carter. En somme, outil de bon travail, robuste et simple, facile à déplacer d'un étang à un autre, pouvant être traîné sans inconvénients sur la glaise, formant un tout rigide et indéformable.

Appareils de 3e catégorie.

a) Riollet-Dufour. — Cet appareil, très léger et d'un transport très simple, se fixe aisément sur un bachot quelconque. Sa manœuvre est facile et ne semble pas trop fatigante. Mais la coupe n'a comme largeur qu'au plus le diamètre du disque tournant de $0^m,53$. Aussi le travail est-il long à exécuter. Il y aurait intérêt à construire un appareil à plusieurs disques pour débiter une plus grande largeur. Les roseaux drus sont franchement coupés par le disque.

b) Lhéritier. — La faucheuse est manœuvrée à l'aide d'un levier par mouvement de va-et-vient qui est assez fatigant. L'appareil se fixe facilement à l'avant d'un bateau quelconque. Cet appareil paraît convenir aux queues d'étangs de peu d'étendue et aux très petits étangs, et il est susceptible de rendre de réels services, pour de petits travaux ne méritant pas l'apport d'une machine à moteur. Il semble que le fonctionnement serait moins laborieux si le mouvement était produit par un système de rotation continue.

Essais chimiques.

Compagnie Alais, Froges et Camargue. — L'épandage de la solution au moyen d'un pulvérisateur est rapide et facile.

Les résultats ne seront définitifs que plus tard. Il est malheureusement à craindre que les pluies continuelles et même très violentes qui sont tombées dès le soir de l'expérience et les jours suivants aient faussé les résultats, en diluant outre mesure les solutions. Un échec ou même un demi-échec étaient donc escomptés : dans ces conditions les résultats, même s'ils ne sont pas plus positifs qu'après la première constatation, ne sont pas probants et les essais seront refaits.

°°

Dans l'ensemble, des enseignements nombreux se dégagent des épreuves de Belval : d'abord il est important que les bateaux soient conduits par des personnes expérimentées, ayant non seulement des qualités de mécanicien, mais surtout une pratique consommée de la circulation sur l'eau, du faucardement et aussi de l'appareil.

Il n'apparaît pas que les participants aient attaché une importance suffisante à la forme de la coque : il ne suffit pas d'avoir un bachot plat quelconque et de mettre dessus les engins de propulsion et de fauchage. L'observation des règles de construction nautique a certainement une grande influence sur le rendement en vitesse de travail, en sûreté de conduite et aussi en évacuation des herbes coupées : on ne doit pas mettre en doute que l'effort pénible du ou des hommes, qui doivent sans interruption dégager la faux pour l'empêcher de bourrer, sera fortement allégé si l'on trouve la forme de la coque faisant filer sur les côtés et en arrière les quantités énormes de roseaux coupés : le remous des aubes battant l'eau à l'arrière est déjà efficace à cet égard : la forme de la coque complétera sans doute ce dégagement. Ce problème reste encore entier.

La majorité des constructeurs a donné la préférence aux coques métalliques. Il n'est pas prouvé que ce soit là la meilleure solution : la rigidité de la coque en bois pour un faible poids, sa facilité de transport, sa facilité aussi de réparation, ont montré certains points de supériorité qui font qu'elle peut soutenir la comparaison avec la coque métallique.

La nécessité d'un gouvernail puissant s'est manifestée pour la conduite précise du bateau.

En somme, les constructeurs auront grand intérêt à prendre les avis compétents de constructeurs spécialistes de bateaux; c'est une des conclusions très nettes qui ressortent de nos constatations.

L'avantage d'un machinisme simple, fruste et robuste est également incontestable : le bateau faucardeur se rapproche plus de la machine agricole que de la construction automobile.

Pour le transport, la supériorité des bandages pneumatiques aux roues a été une révélation. Le chargement du chariot par tirage au moyen d'un câble tendu par un treuil placé sur le chariot même est certainement la solution la plus pratique, de même que les rouleaux fixés sur le cadre du chariot. Les roues du chariot doivent être assez hautes et de jantes assez larges pour que la traction par chevaux sur mauvaises routes ne soit pas trop laborieuse.

On doit d'ailleurs recommander aux propriétaires d'étangs à faucarder d'établir un bon chemin d'accès solide et dur par tous les temps et d'aménager une rampe à pente douce en un point où l'on ait rapidement 50 centimètres d'eau pour la mise à l'eau et le retrait du bateau faucardeur.

Il ne faut pas demander à un outil plus qu'il ne peut normalement donner. Ce qui est vrai pour l'accès est vrai pour la coupe de vieux roseaux ; l'enlèvement du lacis d'anciens roseaux, des mottes en tourbettes, des souches de saules et autres arbustes doit être opéré avant le vrai travail de faucardement, dans l'étang à sec. Pour cela, tous les moyens sont bons : mise en feu, faucheuse, tracteurs, et peut-être produits chimiques qui trouveront sans doute là l'occasion la plus belle de prouver leur efficacité. La solution de ce problème particulier n'est pas encore trouvée ; l'Union a eu des intentions d'en faire l'objet d'une seconde série d'épreuves : il est à espérer qu'elle en poursuivra la réalisation dans un avenir très prochain.

TABLEAU RÉCAPITULATIF

DES CONSTATATIONS DU JURY

DÉSIGNATION et caractéristiques.	POINTS	SURFACE parcourue par heure.		CONSOMMATION par hectare.	
		réelle.	si f = 1.	réelle.	si f = 1.
HENCKÉ ET XÉNARD Tôle. — Poids 900 kgs. — De Dion 5-6 CV. — Largeur de coupe : 2ᵐ,50.	2297 = 210+1042 +1045	f = 1 2330 m²	2330 m²	10 l.	10 l.
JACQUES Tôle. — Poids 6 à 700 kgs. — Bernard 3,5 CV. — Largeur de coupe : 2ᵐ,20.	2106 = 280+1526 +300	f = 1,2 3000 m²	3600 m²	3 l. 5	2 l. 6
LAUVERGNAT Tôle. — Poids 800 kgs. — De Dion 5-6 CV. — Largeur de coupe : 2ᵐ,80.	1889 = 205+844 +840	f = 2 955 m²	1870 m²	22 l.	11 l. 25
COLLAS Bois. — Poids 800 kgs. — Bernard 3.5 CV. — Largeur de coupe : 2ᵐ.85.	2747 = 201+1297 +1240	f = 1,4 2790 m²	3900 m²	4 l. 5	3 l. 2
TOURBILLON Poids 34 kgs.	290 = 15+275	750 m²			
LHÉRITIER « Eureka ». — Poids 58 kgs.	375 = 50+325	900 m²			

PRIX de revient par hectare.	EQUIPAGE en hommes.	VITESSE horaire.	FRAIS de chargement.	OBSERVATIONS
87 fr. 10	3	5 km.	52 fr. 75 4 chevaux	Coupe satisfaisante, hauteur minima $0^m,30$, bonne stabilité, manœuvres de sortie et de mise à l'eau laborieuses.
43 fr. 84	2	5 km. 200	7 fr. 13 1 cheval	Très bien comporté dans les 2 premières épreuves (coupe hauteur minima $0^m,28$). Faux inamovible.
167 fr. 90	3	3 km. 650	25 fr. 13 automobile ou charrette	Lots difficiles. Coupe hauteur minima de $0^m,30$. Transport par roues à pneu. Possède une marche arrière.
58 fr. 20	3	3 km. 950	15 fr. 75 3 chevaux	Coupe hauteur minima de 0^m30. Coque en bois, robuste.
104 francs.	2			Coupe étroite ($0^m.53$). Convient pour ouvrir des chemins de chasse.
100 francs.	2			Largeur de coupe de $1^m,40$ ou 2 m., hauteur variable, coupe convenablement, manœuvre un peu fatigante.

BAR-LE-DUC
IMPRIMERIE CONTANT-LAGUERRE
1926